年轻干部成长手册

给年轻干部提个醒

刘玉瑛 著

新华出版社

图书在版编目（CIP）数据

给年轻干部提个醒 / 刘玉瑛著. -- 北京：新
华出版社, 2024.1
ISBN 978-7-5166-7129-0

Ⅰ.①给… Ⅱ.①刘… Ⅲ.①青年干部—干部培养—
中国—学习参考资料 Ⅳ.①D630.3

中国国家版本馆CIP数据核字(2023)第215032号

给年轻干部提个醒

作　　者：刘玉瑛

出 版 人：匡乐成	选题策划：黄春峰
责任编辑：沈文娟　祝玉婷	封面设计：星汉湛光-小伍

出版发行：新华出版社
地　　址：北京石景山区京原路8号　　邮　　编：100040
网　　址：http://www.xinhuapub.com
经　　销：新华书店、新华出版社天猫旗舰店、京东旗舰店及各大网店
购书热线：010-63077122　　中国新闻书店购书热线：010-63072012

照　　排：星汉湛光
印　　刷：河北君旺印刷有限公司

成品尺寸：148mm×210mm　1/32
印　　张：9　　　　　　　　　　字　　数：185千字
版　　次：2024年1月第一版　　　印　　次：2025年4月第三次印刷

书　　号：ISBN 978-7-5166-7129-0
定　　价：58.00元

版权专有，侵权必究。如有质量问题，请与出版社联系调换：010-63077124

　　当前，越来越多的年轻干部走上了领导或握有具体"办事"职权的工作岗位，成为党和国家事业发展的骨干力量。择优选拔任用的年轻干部为党的干部队伍注入了新鲜血液，这是党的干部队伍后继有人的重要标志，非常有益于党的干部队伍建设。但与此同时，我们也要看到，贪腐"低龄化"和"低职化"现象也渐露苗头。有的年轻干部刚启航就偏航，前脚刚踏上仕途，后脚就步入歧途，摔倒在起跑线上。如北京市东城区某离退休干部休养所原出纳员王某，入职仅一年零三个月，就利用职务便利，侵吞、骗取公款多达 720 余万元；又据北京市门头沟区纪委监委 2023 年 9 月 26 日消息：门头沟区体育局原党组书记、局长娄相峰涉嫌严重违纪违法，正接受门头沟区纪委监委纪律审查和监察调查。娄相峰任局长还不到一年。

　　年轻干部的贪腐问题虽然是"散点多发"，不容易造成"塌方式腐败"，但其危害性还是不容忽视的。正因为如此，习近平总书记在中国共产党第十九届中央纪律检查委员会第六次全体会议上的讲话中强调："要加强年轻干部教育管理监督，教育引导年轻干部成为党和人民忠诚可靠的干部。"习近平总书记还在 2022 年春季学期中央党校（国家行政学院）中青年干部培训班开班式上发表的重要讲话中强调："年轻干部是党和国家事业发展的希望，必须筑牢理想信念根基，守住拒腐防变防线。"

年轻干部的成长，一靠自身努力，二靠组织培养。组织培养虽然是年轻干部成长的关键，但自身努力则是年轻干部成长的决定性因素。因此，要解决年轻干部"早节不保"的问题，除了组织上要加强对年轻干部的教育管理监督，年轻干部也要通过不断加强政治历练、实践磨炼、身心修炼，成长为不负时代、不负韶华、不负党和人民殷切期望的栋梁之材。

年轻干部怎样加强政治历练、实践磨炼、身心修炼？怎样常修为政之德、常思贪欲之害、常怀律己之心？本书以提醒的方式回答了与之相关的一些问题。

在撰写本书的过程中，许多专家、学者所撰写的文章，给了我许多启迪，本书也引用了一些主流媒体报道的真实资料，在此，我谨向这些文字权利所有者致以诚挚的谢意。

我也非常感谢新华出版社副社长黄春峰先生和图文编辑室主任沈文娟女士，本书由他们策划，他们为本书的"问世"付出了辛勤的劳动。

刘玉瑛
2023 年 10 月 10 日

目录

第一章

『早节不保』的
现象值得警惕

近些年来，党的干部队伍不断注入新鲜血液。这给党的干部队伍带来了蓬勃生机和巨大活力，对我国经济社会的发展起到了极大的推动作用。但与此同时，我们也看到，有的年轻干部出现了『早节不保』的问题，他们刚启航就偏航，前脚刚踏上仕途，后脚就步入歧途，摔倒在起跑线上。这种现象的出现，值得高度警惕。

"早节不保"的主要手段

所谓"早节不保"，是说有的年轻干部刚刚进入干部队伍，就守不住节操、贪赃枉法，最终走向犯罪的道路。所谓"刚踏上仕途，就步入歧途"。

从已查办的年轻干部腐败案件看，年轻干部"早节不保"的手段主要表现在以下几个方面：

（一）用手中领导权腐败

有的年轻干部虽然年纪并不大，但已经走上了领导干部的工作岗位，甚至是单位的"一把手"。走上领导工作岗位的年轻干部，手中自然握有一定的权力，于是，有人便利用手中的权力以权谋私、以权寻租，为自己、为家人、为利益集团谋取私利。上海市金山区经济委员会原副主任金英丽就是如此。

金英丽是一个出生于 1981 年的副处级女干部，她先后在国内两所知名大学拿到学士和硕士学位，并于 2006 年作为引进人才，来到上海市金山区工作。工作仅半年，她便当选为金山区政协常委，又相继担任金山区知联会副会长、民族联副会长、青联副主席等社会职务。

2016 年 7 月，金英丽被提拔为金山卫镇副镇长；2019 年，金英丽出任金山区经济委员会副主任。随着工作平台的提升，金英丽手中的权力越来越大，围绕在她身边的商人也越来越多。于是，她便利用手中的权力为他人谋取利益并收受贿赂。为帮助某公司在退税、避免因发布虚假广告受到处罚等方面谋利，金英丽多次收受该公司法定代表人夏某的贿赂，并用这些钱购买高级轿车、理财产品等。除了直接收钱外，金英丽在和一家公司交往时，还让对方为其购买家具、支付租房费用等。从爱马仕皮包到别墅装修费，从给父母安排三甲医院体检到带父母出境旅游购物，金英丽收受好处的金额和范围越来越大。①

2020 年 5 月 26 日，金英丽接受上海市金山区监察委员会监察调查，同年 12 月，因受贿 538 万余元，被判处有期徒刑十年，并处罚金 100 万元。

据报道，2012 年，金英丽凭借出色的工作业绩获得金山区

---

① 陈丽：《追求"精致"生活的代价——上海市金山区经济委员会原副主任金英丽违纪违法案剖析》，《中国纪检监察杂志》，2021 年第 6 期。

"十大杰出青年"称号，然而，八年的时间，她就从"杰出青年"变为"阶下囚徒"，而这种锐变，则是从她2016年担任金山卫镇副镇长开始。她手中有了权力，就"甘于被围猎"，利用权力来谋取私利。

（二）用具体办事权腐败

金英丽是利用手中的领导权力来谋取私利，而有些年轻干部由于工作资历不长，甚至刚刚步入干部队伍，还没有走上领导工作岗位，他们不可能像金英丽那样利用领导权力搞腐败，但他们手中有着具体办事的权力，具有可直接办理具体事项的便利。于是，有的年轻干部就依靠着具体办事权力来贪污受贿、骗取公款，以谋取私利。这在已查办的年轻干部腐败案件中为数不少。如北京市东城区某离退休干部休养所原"90后"出纳员王雪就是如此。

王雪，1990年出生，是北京市东城区某离退休干部休养所原出纳员。她进入某离退休干部休养所工作不到一个月，就开始想方设法侵吞、骗取公共财物。她使用假的银行对账单，模仿单位领导的签字，通过现金支票将公款转移到个人账户。后来，她连现金支票都懒得使用，直接通过银联将单位账户的钱转到自己名下。

王雪入职仅一年零三个月的时间，就利用职务的便利，侵吞、骗取公款多达720余万元，均用于个人奢侈消费。她的一件衣服就 6.4 万元，一个包包超过 20 万元。

2019 年 3 月，王雪因涉嫌贪污罪被东城区监委留置，同年 9 月被开除公职。2019 年 12 月，被东城区人民法院判处有期徒刑十二年，并处罚金人民币 100 万元。[①]

王雪不是领导干部，手中没有领导权力，但她却有着具体的办事权力——出纳，负责本单位的现金收付、银行结算及有关账务，保管库存现金、有价证券、财务印章及有关票据。这就为她谋取私利创造了有利条件，她也由此陷入贪腐的泥沼。

（三）利用网络科技腐败

现今的年轻干部都成长在网络科技时代，他们对计算机、互联网很是娴熟，这本是工作优势，但有些年轻干部却把这种工作优势转变为自己谋取私利的工具手段。

从查处的年轻干部腐败案例看，一些年轻干部"因网而腐"。

他们有的想方设法寻找信息系统运行管理中的漏洞贪腐，江苏"90 后"社保办事员王新民就是如此。

王新民 1991 年出生，2013 年大学毕业后，一直在昆山市社保中心养老支付科窗口工作，负责整个昆山市参保人员退休和死亡待遇的审核与支付，这其中就包括职工的丧葬抚恤费。

---

① 柴雅欣：《年轻干部的贪腐陷阱》，中央纪委国家监委网站，2020 年 9 月 17 日。

工作中王新民发现，单位电脑社保系统的在职死亡模块存在漏洞，丧葬费、抚恤金、养老账户的余额都可以修改，已支付完还能重新生成支付凭证。于是，他在上班期间伪造了一张丧葬抚恤费的支付凭证，在社保中心后门外偷偷地给了他的同学丁良，丁良果真取到了钱。随后，他便如法炮制取了一笔又一笔。

经检察机关查实，从 2014 年 6 月至 2016 年 11 月，王新民先后 46 次贪污丧葬抚恤费共计 2703500.78 元。到案发时，这 270 多万元已被挥霍殆尽。

2017 年 9 月，昆山市人民法院判处王新民有期徒刑 10 年 6 个月，并处罚金人民币 75 万元；判处丁良有期徒刑 8 年，并处罚金人民币 50 万元。[①]

有的年轻干部还利用微信钱包、支付宝付款等支付方式贪腐。河南省濮阳市华龙区机关事业单位社会保障中心原干部穆玉龙就是如此。

2016 年 8 月，26 岁的穆玉龙进入华龙区人力资源和社会保障局工作。2019 年 12 月，他利用职务之便，私自将个人支付宝二维码页面名称篡改为"中国社会保险华龙区机关事业单位社会保障中心"，并将此二维码出示给前来缴费的人员。如此一来，本应打入公共账户的养老保险费，便进入了穆玉龙个人的腰包。此后，他陆续通过个人支付宝、微信账户及现金方式，违规收取辖区机关事业人员补缴的养老保险费 60 多万元。

① 董振杰：《整容、逛夜店、打赏主播……90 后贪污公款有哪些奇葩理由？》，《法制晚报·看法新闻》，2018 年 8 月 5 日。

穆玉龙仅将 8000 余元上缴到区社保中心财务室入账,其余全部用于个人消费。①

仅半年的时间,穆玉龙就贪污机关事业单位人员养老保险费 60 多万元,涉及 27 家单位 178 人。

伪造二维码只是新型腐败的一种套路,有的年轻干部还通过电脑伪造银行存单和报销单,挪用公款购买网上理财产品;有的还利用公款私存、延迟进账的方法,玩起了"腾挪戏法"。真是只有你想不到,没有这些人做不到。

---

① 沈东方:《更隐秘!数字技术成"90 后"干部贪腐新手段》,《中国纪检监察报》,2021 年 7 月 18 日。

二

"早节不保"的主要特征

与以往查处的领导干部的"晚节不保"相比较，年轻干部的"早节不保"，还是有着鲜明的特征的。年轻干部"早节不保"的主要特征，至少有以下几个方面：

（一）贪腐手段特别隐秘

微信钱包、支付宝付款等支付方式及数字货币的出现，使得一些年轻干部的贪腐行为更为便捷，也更加隐秘。

熟悉网络和电子支付方式的一些年轻干部，他们不是直接收钱揽色，不是直接收文物拿古玩，而是利用一台电脑、一部手机，就能完成贪腐行为。这使得他们的贪腐手段特别隐秘，多为"单打独斗",悄悄地"蚂蚁搬家",贪腐手段呈现"智能化"的特点。他们有的通过修改网络程序、代码等作案；有的利用经手项目的程序漏洞实施贪腐；有的利用技术手段窃取计算机办公系统后台文件、利用财务报销漏洞贪污公款；等等。例如：

浙江省杭州市钱塘区义蓬街道春园村原报账员朱锐锋，是个"85后"，曾负责村里与农户之间的资金收缴和支付等工作，经常接触到大量现金。2014年1月，他把赚钱的目光瞄准了代收代缴的村民农医保款。他把34万元村民农医保款转进个人银行账户赚利息，待一个多月后农医保款上缴时，已赚得1000多元的"外快"。

尝到甜头后的朱锐锋一发而不可收，不按规定将农医保款、征地养老保险金等资金缴纳到村对公账户中，而是先后多次通过延迟入账等手段，利用手机软件将资金转账到其个人银行账户中。此后，他又沉迷炒股，资金缺口越来越大，公款越挪越多，时间越延越久，在犯罪道路上越走越远。2020年3月，朱锐锋因犯挪用公款罪、挪用资金罪被判处有期徒刑2年。①

---

① 沈东方：《今年已有多名"90后"干部被查 不少人涉案金额巨大》，《中国纪检监察报》，2021年7月19日。

（二）贪腐行为极为疯狂

以往查处的领导干部的贪腐多是"月积年累""放长线钓大鱼"，甚至是"期货"。但从现今查处的年轻干部的腐败案件看，那些"早节不保"者已经等不及"月积年累"，更别说是"期货"了。他们希望一键发财，一夜暴富。比如安徽省滁州市不动产登记中心的张雨杰就是疯狂的"早节不保"者。

张雨杰的具体工作是在政务服务中心大厅窗口接待市民，收取买房托管资金、填写托管协议、开具银行存款凭证和资金托管凭证。

经调查，他在2016年到2019年3年多的时间里，采取收款不入账、伪造收款事实等方式，陆续侵吞公款竟达6900多万元。

"在安徽省，改革开放以来查处腐败犯罪金额最高的是副省长杨振超。他在2008年至2016年的8年间，收受财物折合人民币共计8084万元。而张雨杰仅在3年间就贪污6993.25万元，成为安徽省'腐败老二'。"[1]

再看浙江省余姚市房地产管理中心财务科原科员毛凯的贪腐行为。"90后"的毛凯利用职务便利，私自开具现金支票从银行取现。他先后37次从余姚市房地产管理中心经济适用房专户挪用公款266.45万元，并将其中的236.42万元用于网络赌博非法活动。

---

[1] 邵景均：《年轻干部腐败的特点、成因及治理对策》，《中国党政干部论坛》，2021年11月28日。

毛凯仅5个月，就37次挪用公款，可谓疯狂至极。他之所以频频得手，还在于管理经济适用房专户是他职责范围内的事。专户的会计和出纳都是他，而且专户的现金支票、财务章、密码器都由他保管，这就为他疯狂挪用公款提供了极大的便利。"按照规定程序，盖完财务专用章后，支票还需由毛凯的同事检查核对，盖上单位的法人章。'都是一个科室的同事，她比较相信我，所以会直接把法人章给我让我自己盖。有时她不在，我也会自己拿法人章来盖，甚至一次性盖好几张支票。'"①

（三）贪腐目的甚为独特

从查处的年轻干部腐败案件看，有些"早节不保"者贪腐的目的，不是给家庭、子女积累财富，不是包"小三"、泡美女，而是"玩"——在虚拟世界里威风凛凛。如上文谈到的张雨杰，他花了5万元买了一张"青眼白龙"纪念卡，这是一款热门网络游戏的纪念品。当年游戏公司在全球仅仅发布了500张。

还有中国铁路物资华东集团有限公司浙江分公司的罗垲峰，因为沉迷手机游戏，为达到所谓的顶级层次，不惜花费40余万元充值和雇代练。

---

① 沈东方:《今年已有多名"90后"干部被查 不少人涉案金额巨大》,《中国纪检监察报》, 2021年7月19日。

罗垲峰为了满足无底洞般的"玩"欲，利用职务便利，变卖铁路建设物资钢材和水泥，并将货款占为己有，直接造成单位近 800 万元的亏空，间接造成 1300 余万元的销售损失。

河北省南宫市水务局财务股的李晓飞也是如此。就因为在网络赌博的世界里越陷越深，仅仅 8 个月就挪用、贪污公款 1921.88 万元。

2022 年 3 月 10 日，成都市纪委监委通报的一起年轻干部贪腐案件中的曾小茗也是如此。

曾小茗，成都城投建设集团有限公司财务部原出纳，1992 年 8 月出生。2021 年 7 月至 8 月，她利用担任成都城投建设集团有限公司财务部出纳的职务便利，用本人保管的银行 U 盾制单，私自动用财务部部长保管的银行 U 盾授权，先后 13 次将公司账户内共计 1018 万余元转入本人控制的账户，将其中 880 万余元用于网络赌博活动。

2021 年 12 月，曾小茗被解除劳动关系，其涉嫌犯罪问题被移送检察机关依法审查起诉，所涉财物一并移送。

江苏省连云港市赣榆区工商业联合会的报账员万振的腐败行为，也是令人叹为观止。他因为沉迷电子产品，6 年内购买了 50 部手机，为了偿还贷款，竟然采取伪造会计凭证、重复报账、虚列支出等手段，分 31 次套取、骗取公款共计 40 余万元。

这一系列的涉网腐败案件触目惊心。多行不义必自毙。张雨杰被判处无期徒刑；罗垲峰被判处有期徒刑 12 年 6 个月；李晓飞、曾小茗、万振等也都受到了法律的制裁。

三

"早节不保"的深层原因

这些"早节不保"的年轻干部，虽然贪腐的手段各不相同，贪腐的目的也相异，有的挪用公款炒股理财，有的贪污公款进行网络赌博，有的为了购买网游装备、打赏网络主播，有的用于购买名牌鞋和名牌包，但他们的贪腐却有着共性的深层原因。

（一）理想信念缺失

理想，是一个人的政治信仰和世界观、价值观、人生观在奋斗目标上的具体体现。理想，是人们学习、工作、生活的指南和动力，是人们生活、事业上的精神支柱。年轻干部必须坚定共产主义理想信念，树立正确的世界观、人生观和价值观，明确人生的奋斗目标和前进的方向，自觉地为中国特色社会主义、共产主义事业而奋斗。否则，就会迷失方向，走向堕落。正如苏联著名教育家苏霍姆林斯基所说的："如果一个人的头上缺少一颗指路明星——理想，那他的生活将会是醉生梦死的。"

习近平总书记指出："理想信念就是共产党人精神上的'钙'，没有理想信念，理想信念不坚定，精神上就会'缺钙'，就会得'软骨病'"。①

年轻干部如果丧失了崇高理想和伟大目标，理想信念不坚定，就会走向堕落毁灭。

河北省国税局原局长李真的堕落就是如此。他在临刑前反思自己走向毁灭的根源时说："人可以没有金钱，但不能没有理想信念，丧失理想信念，就要毁灭一生。"李真被执行死刑时，才41岁。

温州市平阳县南雁镇建设管理办公室原主任邓力在忏悔书中写道："留置期间，我一再反思，自己为什么会一步一步走上违法犯罪的道路，根本原因还在于我没有坚定理想信念，在事业发展的起步阶段放松自我约束，在掌握权力的过程中迷失自我，陷入了这万劫不复之地。"

经法院审理查明，邓力利用职务上的便利，为他人牟取利益，非法收受贿赂共计19.88万元。2019年12月31日，平

---

① 习近平：《在十八届中共中央政治局第一次集体学习时的讲话》，新华网，2012年11月19日。

阳县人民法院判决邓力犯受贿罪，判处有期徒刑二年二个月，缓刑二年六个月，并处罚金人民币 18 万元，违法所得予以收缴。[1]

邓力是一名"85 后"年轻干部，他本来是有着大好前程的，但因为理想信念丧失，利用手中的权力非法收受贿赂，最终走上了万劫不复之路。

（二）价值观念扭曲

所谓"价值观念"，按照词典上的解释，是指一个人对周围的客观事物（包括人、事、物）的意义、重要性的总评价和总看法。

时下，世界正面临百年未有之大变局，这对人们的价值观念带来了巨大的冲击。这种巨大的冲击，使得一些年轻干部的价值观念发生了扭曲。急功近利者有之，唯利是图者有之，见利忘义者有之。有的年轻干部只要是有利可图，就不顾道义。例如：

江西省赣州市上犹县某乡一名 1994 年出生的年轻扶贫干部邹某，利用职务之便，短短 10 个月时间，就巧立名目、瞒天过海套取扶贫资金 50 余万元。

---

[1] 温州市纪委市监委：《〈警钟 60 秒〉第五十一期：越过了那条线，你会后悔一辈子》，浙江省纪委省监委网站，2021 年 7 月 18 日。

据媒体报道，自 2016 年 12 月起，邹某利用自己从事扶贫工作的职务便利，以帮助农户申请相关补助为由，骗取 22 名贫困户的银行卡、存折及密码，之后再利用职务上的便利以这些贫困户的名义虚报从事养牛、生态鱼、中药材和油茶低改等扶贫产业奖补项目，将精准扶贫产业奖补资金合计人民币 53 万余元占为己有。

精准扶贫，功在当代、利在千秋，邹某作为扶贫专职干部，本应该帮助老百姓解决生活困难，为老百姓造福，但他却胆大包天、目无法纪，打起扶贫款的主意，从贫困百姓的口中"夺食"，可见是一个唯利是图之人。

法院认为，被告人邹某身为国家工作人员，在担任扶贫专干期间，利用从事扶贫工作的职务便利，采取虚构农户产业奖补项目、隐瞒真相的方法，非法套取国家扶贫产业奖补资金 53.45 万元，据为己有，数额巨大，其行为已构成贪污罪，判处有期徒刑四年，并处罚金 20 万元。

（三）法纪观念淡薄

法纪观念淡薄也是一些年轻干部"早节不保"的一个重要原因。

有的年轻干部对党纪国法不知晓。如果对党纪国法不知晓，谈何遵守党纪国法？一位基层办案人员告诉《半月谈》记者，一些贪腐年轻干部被调查时的表现令人震惊，有的认为纪委监委谈话结束后就能回家。

真是让人惊掉下巴。很显然，这是不认为自己的贪污腐败行为是违纪违法。

有的年轻干部对党纪国法缺乏敬畏之心。年轻干部从走上仕途的那一天起，组织上就反复告诫：要执政为民，立党为公，不要以权谋私，不要以权寻租，不要买官卖官，要遵纪守法。但是，有的年轻干部这只耳朵听，那只耳朵冒，根本没拿党纪国法当作一回事，对党纪国法没有敬畏之心、没有信仰之念。想买官，就上贡；想卖官，就鬻爵；想行贿，就出手；想受贿，就伸手；想赚钱，就赌博。党纪国法在这些年轻干部的眼中，只不过就是一个装饰物、一块橡皮泥而已，可有可无。

有的年轻干部凌驾于党纪国法之上。这是党纪国法意识淡薄的另一种表现。他们具有很强的心理"特权"，把个人意志看得高于一切，做事无法无天，为所欲为，凌驾于党纪国法之上，尤其是一些握有实权的年轻干部。例如上文谈到的被执行死刑的河北省国税局原局长李真，就是如此。

李真可谓少年得志。28 岁即成为省委第一秘书，5 年间升为厅级干部，34 岁成为全国最年轻的正厅级国税局局长。

"李真得志便猖狂。"这话绝对没有任何夸张的成分。

李真的汽车在马路上行使，从来没有红绿灯的概念。年纪大的警察都认识李真的车，见其闯红灯，也只能装作没看见，任其扬长而去。

一次，有位新警察刚刚上岗。他看见有一辆小轿车闯红灯，便上前示意停车，想纠正违章。

李真把车窗玻璃摇了下来，随口吐了这个警察一脸唾沫，然后驾车扬长而去。这个警察知道了李真的背景之后，是敢怒而不敢言。

红绿灯在李真的眼里就是一个摆设，自己想怎么走就怎么走；交通法规在李真的心里就是一块橡皮泥，自己想怎么拿捏就怎么拿捏。

（四）道德行为失范

道德行为失范，就是年轻干部的行为偏离了政治道德、社会道德准则的要求。

在市场经济的条件中，绝大多数的年轻干部都能不为金钱所诱，不为美色所迷，一切以党和国家以及人民群众的利益为重，全心全意地为人民服务，表现出了崇高的道德品质。但是，也不可否认，社会上一些腐朽堕落的生活方式，也不同程度地侵害到年轻干部的身上，致使一些人道德行为失范。

有的年轻干部精神生活空虚颓废。人是应该有一点精神的。作为党的年轻干部，必须具有共产主义精神，必须具有全心全意为人民服务的精神。年轻干部如果丧失了这种精神，就会空虚颓废。精神生活空虚颓废的年轻干部，必定不思进取，得过且过，在虚拟世界里寻求快乐。浙江省淳安县千岛湖建设集团城建发展有限公司原经理邵忠阳就是如此。

1971年12月出生的邵忠阳热衷于泡在网络直播间看主播唱歌、弹琴表演，给主播打赏礼物。有时候他一整天都挂在直播间里，还获得了"榜一大哥"的身份。所谓"榜一大哥"，是指在直播间的打赏榜单的第一位。经统计，约5年的时间里，邵忠阳先后在直播间打赏500多万元。

邵忠阳的收入根本不可能应对他在直播间的疯狂挥霍，他打赏的钱物都是他腐败魔爪攫取的。"我在直播间一掷千金，网络世界虚幻的阿谀奉承，让我沉醉，欲罢不能。"邵忠阳在接受审查调查时，这样剖析自己如何一步一步迷失自我。

经查，邵忠阳多次违规向管理和服务对象借款，总计445万元；利用职务之便，为他人谋取不正当利益，索取或收受他人给予的财物，价值共计204万元。2022年3月，邵忠阳因犯受贿罪，被判处有期徒刑十年二个月，并处罚金50万元。

从有关方面披露的多起年轻干部落马案件看，沉迷网络直播打赏、网络游戏的，邵忠阳不是个案。

据中央纪委国家监委网站2020年11月披露，江苏省连云港市某国有公司赣榆分公司原出纳会计、"90后"项上，从2019年4月开始，成为一名网络女主播的忠实粉丝，他虚构"富二代"的身份给主播打赏。为了能有足够打赏资金，他一次次地以各项费用支出名义套取公款。"我打赏网络主播，就像玩真人互动的网络游戏一样，我每天都忍不住要给主播刷礼物。"2018 年 1 月到 2019 年 7 月，约 386 万元的公款被项上挥霍掉。2020 年 2 月 10 日，项上因犯职务侵占罪被判处有期徒刑五年六个月。

有的年轻干部物质生活追求奢华。艰苦奋斗是我们党的优良传统和作风。年轻干部在任何时候、任何情况下，都不能忘记这一优良的传统和作风。这也是年轻干部应有的政治道德。然而，有的年轻干部却公然违背这一政治道德的根本要求，物质生活追求奢华。为了满足自己的享乐需求，巧取豪夺，以疯狂的手段聚敛钱财。

前文谈到的北京市东城区某离退休干部休养所原出纳员王雪，侵吞的公款均用于个人奢侈消费。

一间不到 10 平方米的房间里，堆满了各式各样的奢侈品……

有的年轻干部社会交往庸俗违纪。人生活在社会上，正常交往是必须的。但庸俗违纪的交往，则是道德行为失范的表现。年轻干部庸俗违纪交往的表现主要是"甘于被围猎"。

（五）缺乏风险意识

有的年轻干部成为干部队伍中的一员后，他只看到职场、官场有风光、有权势的一面，却看不到职场、官场不谨慎行事、不谨慎用权，是会有风险的另一面。结果，他在职场上、仕途中被"糖衣炮弹"所击中，败下阵来。江苏省淮安市盱眙经济开发区建设工程质量安全监督站原负责人万钧就是如此。

1987 年出生的万钧考入盱眙经开区规划建设局后，被安排负责开发区工程项目质量安全监督工作。由于在施工、验收等工作上的话语权与日俱增，围绕在万钧身边的项目经理和工程老板不断增加。

万钧在忏悔书中写道："去工地验收，施工单位老板永远都是站在门口等着自己……验收阶段，去现场永远是走在第一个的，后面都会围着一群人，听自己高谈阔论……需要看图纸时，身边人已将你需要看的那一页翻好捧正，自己只需手指在上面划一划而已。"

渐渐地，万钧对车接车送、门口相迎司空见惯，对曲意逢迎、百般讨好照单全收。中秋、春节等重要节点，只要是老板客商送出的钱卡物，万钧一概以正常节礼、人情往来安慰自己并收入囊中。不到 3 年时间，万钧先后受贿 32 次，收受的现金、购物卡、加油卡累计 13.3 万元。最终，万钧被移送检察机关依法审查起诉。①

万钧没有一点风险意识，他稍微有一点风险意识，也不会"对车接车送、门口相迎司空见惯，对曲意逢迎、百般讨好照单全收"。没有风险意识的结果是后悔莫及。

"我收这些钱的意义在哪？它既不能改变我现在的实质

---

① 顾敏：《深度 | 腐败低龄化、贪腐"35 岁现象"？莫让年轻干部摔倒在起跑线》，新华报业网，2023 年 5 月 4 日。

生活，却让我为这点小钱蒙蔽了双眼，丢失了最宝贵的自由……"在盱眙县纪委监委制作的警示教育片《凝心铸魂》中，万钧"出镜"现身说法。

岑文本是唐朝宰相。史书上曾经记载过这样一个故事：

岑文本被皇上任命为中书令，负责起草朝廷的诏令。升官之后，他面带忧郁地回到家中。母亲见状，奇怪地问他："升官应该高兴，为何面有忧色？"岑文本告诉母亲："无功受禄，深感不安；责任重大，忧虑不已。"有人来向他表示祝贺。他说，我只接受安慰，不接受庆贺。

岑文本为升官而忧，就是有着强烈的风险意识。他深知权力与责任的关系，为此他敬畏自己手中的权力。

（六）虚荣攀比心理

英国的菲尔丁在《〈约瑟夫·安德路斯〉序言》中说过这样一句话："虚荣促使我们装扮成不是我们本来的面目以赢得别人的赞许。"

这话说得真是一针见血。审视那些"早节不保"者的贪腐行为，就是因为爱慕虚荣、不当攀比而造成的。

西部某市一乡镇畜牧兽医站原站长唐某是个"85后"。唐某掌握着辖区内养猪场补贴发放的权力，这就让他成为企业老板"围猎"的对象，从一开始的接受宴请、出入娱乐场所，到最终收受贿赂上百万元，走上了犯罪的道路。唐某在忏悔书中写道："我职务不高，却在一声声'唐局长''唐县长'的吹捧中冲昏了头脑，加上事业顺风顺水，就对他们的围猎放松了警惕。"①

一声声"唐局长""唐县长"的吹捧，极大地满足了唐某的虚荣心。

法国著名思想家柏格森说："虚荣心很难说是一种恶行，然而一切恶行都围绕虚荣心而生，都不过是满足虚荣心的手段。"

再请看一个落马者在忏悔书中的自白："自己内心自觉不自觉地和他人作比较，比的不是谁的实绩大、努力多、作风硬，而是比谁掌的权大，谁获的利多，谁生活得潇洒、气派。负面的不当攀比，导致我心理失衡，认为自己清贫、寒酸，产生廉洁'吃亏'的想法。我还以为，反腐就是'鱼叉'政策，腐败存量大，不可能一下子全部肃清，因而产生侥幸心理。"②这是江苏省建湖县农业委员会原副主任杨升高的落马原因。

---

① 赵宇飞、周闻韬：《现实世界贪腐，网络世界沉迷：干部贪腐"35岁现象"观察》，《半月谈》，2022年3月28日。

② 曹大军：《不当攀比导致我产生廉洁吃亏的想法》，正义网，2018年11月13日。

（七）忽视读书学习

"读书学习是领导干部加强党性修养、坚定理想信念、提升精神境界的一个重要途径。我们国家历来讲究读书修身、从政立德。传统文化中，读书、修身、立德，不仅是立身之本，更是从政之基。古人讲，治天下者先治己，治己者先治心。治心养性，一个直接、有效的方法就是读书。"[①] 这是习近平在中央党校 2009 年春季学期第二批进修班暨专题研讨班开班式上的讲话中所讲的一段话。

这段话深刻地说明了读书学习在领导干部成长过程中的重要作用。审视那些"早节不保"的年轻干部，他们走向违法犯罪的道路，跟他们忽视读书学习也有着直接而密切的关系。因为忽视读书学习，尤其是忽视政治理论学习，以致党性修养缺乏，理想信念丧失或动摇，精神境界不高。

那些"早节不保"的年轻干部忽视读书学习的突出表现有：一是贪图享乐、玩物丧志，不好读书；二是热衷应酬、忙于事务，不勤读书；三是浅尝辄止、不求甚解，不善读书；四是学而不思、知行不一，学用脱节。

四川省遂宁市射洪市原副市长邹清就是如此。2007 年，不到 37 岁的邹清就被提拔为民进遂宁市委副主委、秘书长，成为一名副县级领导干部。然而，与职务提升形成鲜明对比的

---

① 习近平：《领导干部要爱读书读好书善读书》，《学习时报》，2013 年 4 月 28 日。

是，邹清的思想政治、法律意识并未得到同步提高。放松学习、法律意识淡薄，成为邹清此后走上违法犯罪道路的一个重要原因。

2016年，邹清再次受到组织的重用，调任射洪市副市长，分管国土资源、城市规划、建设等重要工作。这次工作调整，也成为邹清从政生涯的转折点。

2016年至2021年期间，邹清利用职务便利，为他人在房地产项目推进、土地办证等方面谋取利益并收受财物，先后52次收受18名企业老板贿赂人民币265.5万元、美元2万元、欧元0.9万元。

邹清为什么会走上犯罪的道路？她在悔过书中披露了根源："我成为副县级领导干部就在民进遂宁市委工作，时间长达近十年，正好处于党的十八大前后，正是党中央推进全面从严治党重要时期。党和国家反腐倡廉的各项制度、规定相继出台，然而我却根本不花时间去了解、去学习党和国家的各项纪律规定。

"到射洪工作后，我天性散漫的作风又把我推向了深渊，在思想上毫不重视政治理论学习，即使参加了也是走过场，从未入脑入心。当共产党员在认真学习党内的各项规章制度时，我还以自己是党外干部为由，认为这些党内规章与我无关，不严格要求自己，自甘落后。可以说完全没有认识到，自己已处于一个非常重要的岗位，需要拥有过硬的政治理论水平才能担此重任。我在射洪工作了四年半，连一次廉政警示教育基地都没有去过，对纪法的敬畏之心，在灵魂深处从未被触动过、警醒过！"①

2021 年 7 月，邹清受到开除公职处分；其涉嫌犯罪问题被移送检察机关依法审查起诉，所涉财物一并移送。

2021 年 9 月，邹清因犯受贿罪，被依法判处有期徒刑 5 年，并处罚金人民币 35 万元。

邹清之所以身陷囹圄，就是因为她"在思想上毫不重视政治理论学习。即使参加了也是走过场，从未入脑入心"。党和国家反腐倡廉的各项制度、规定相继出台，然而她却根本不花时间去了解、去学习党和国家的各项纪律规定。年轻干部要以此为戒。

读书学习，尤其是政治理论的学习不是可有可无，而是必须学习。这是立身之本，更是从政之基。

---

① 《忏悔实录公开！落马副市长甘被 18 名老板"围猎"》，"廉洁四川"微信公众号，2023 年 5 月 21 日。

第二章

岗位风险意识
必须要强化

岗位安全与岗位风险是一体两面。年轻干部要保证岗位安全，就得防范岗位风险。岗位风险，是指在工作过程中具有一定发生概率并由该岗位者承受的风险。各行各业都有岗位风险，年轻干部所在的岗位也不例外。

缺乏岗位风险意识是最大风险

"股市有风险，入市需谨慎"，这是股市里的一句警示语。其实，不仅股市里有风险，在岗位上工作也有风险。

据说，清朝的政治家刘墉在刚刚步入官场之时，他的父亲——大学士刘统勋就告诫他，身在官场，一定要懂得保护自己，否则，将会死无葬身之地。

虽然古今之事不可同日而语，但"岗位有风险""当干部也是一种高风险职业"却是显而易见的。

那么，作为年轻干部最大的风险是什么？答案可能有多种，但"缺乏岗位风险意识是最大的风险"这个答案应当是首选。

（一）年轻干部对岗位风险普遍重视不够

各行各业的人都有岗位风险，比如，在高空作业的电网工人、每天跟传染疾病打交道的医生，他们的岗位风险系数之高，毫无争议，但却鲜见有高空作业者从高空坠落，也鲜见有医生被传染病感染。究其原因，是因为他们对岗位风险的高度重视，懂得用安全措施来保护自己。

而作为年轻干部，表面上看，似乎没有什么风险，但却不断有人落马。

为什么不断有年轻干部落马？这跟他们不重视岗位风险有着直接的关系。换一句话讲，他们意识不到面临的风险，更不知道风险点在哪里。

这些人进入干部队伍之后，只看到被人簇拥、被人赞扬的一面，看不到风险的一面。于是，趾高气扬、扬眉吐气，官架子十足，而且还用手中的领导权力或办事权力来谋取私利。结果，被岗位风险这个敌人打败，落下马来，摔得鼻青脸肿。

（二）年轻干部岗位风险是一种多元风险

虽然各行各业都有岗位风险，但年轻干部的岗位风险却不同于从事其他行业者的岗位风险，年轻干部的岗位风险是一种多元风险，政治的、法纪的、道德的、能力的，等等，这种种不同的风险，构成了年轻干部的岗位风险。任何一种岗位风险要素的存在，都是对年轻干部的挑战与考验。

就政治的来讲，年轻干部如果理想信念不坚定，政治定力不够，宗旨意识淡薄，世界观、人生观、价值观扭曲，"总开关"出了问题，就会走向邪路。

就法纪来讲，年轻干部如果法纪意识淡薄，把法纪当作"稻草人""橡皮泥"，置党纪国法于不顾，甚至凌驾于党纪国法之上，必定会违法违纪，走向不归路。

就道德来讲，年轻干部如果不能践行共产主义道德要求和社会主义核心价值观，违背政治道德、社会公德、职业道德、家庭美德和个人品德的要求，违背公序良俗，就会逐渐步入歧途。

请看湖北齐安国有资本投资运营集团有限公司（后更名为黄冈国有资本投资运营有限公司）原党委书记、董事长伊立恒是怎样走向邪路、步入歧途的。

伊立恒之所以走向邪路、步入歧途，其根本点就是政治上出了问题。他在忏悔书中坦言自己"初心不纯，底盘虚空，信念从未坚定"，他写道："我的一个亲戚是当领导干部的，每逢过年过节，亲人见面时都会恭恭敬敬地等候他，那种感觉使我更加坚定了人生方向，就是要当干部。"

很显然，伊立恒是把"当官发财"作为价值追求。初心不纯，人生自然也就偏离了正确的航向。

2004年7月，大学毕业的伊立恒成为黄冈基层的一名选调生，2011 年 6 月，伊立恒通过公开选拔担任团风县委常委、回龙山镇党委书记。2016 年 7 月，伊立恒升任麻城市委常委、组织部部长。2019 年 6 月，伊立恒任齐安国投党委书记、董事长。然而，他只看到"权力更大了"，却丝毫未意识到被"围猎"的风险也更高了。

湖北某建设工程公司老板陈某某，经常到伊立恒办公室了解其行踪。伊立恒一有空闲，他就立马出现，伊立恒一有吃喝玩乐活动，他就准时"埋单"。其间，陈某某从未提任何要求，到最后伊立恒不帮忙都不好意思了。此后在筹建某医院感染楼加层项目时，伊立恒利用职务影响主动帮陈某某中标。很快，听闻伊立恒要购置车库，陈某某再次主动为其"埋单"。

为追求仕途顺利，他还聘请"大师"为其办公室摆局定向，把希望寄托于"大师"为他保驾护航。

"大师"保不了驾，也护不了航。2022 年 5 月，伊立恒被立案审查调查。

湖北黄冈市纪委监委发布消息称，经查，伊立恒身为"80后"党员领导干部，对党不忠诚，早节严重失守，背弃理想信念，丧失党性原则，政治品行不端，官欲熏心搞迷信活动、干扰巡察工作；无视中央八项规定精神，超标准装修公司办公楼，经常接受高档宴请和娱乐活动；擅权妄为，违规招录员工；毫无敬畏之心，肆意收受礼品礼金，违规报销个人费用；背离人民立场，对公司负责的重大民生投资项目建设失职失责、疏于监管，造成不良影响；沉迷低级趣味，长期沉溺于

"带彩"打麻将；前脚仕途、后脚歧途，思想堕落、贪婪腐化，利用职务便利为他人谋取利益，非法收受他人财物。

等待他的将是法律的严惩。

就能力来讲，年轻干部如果能力不足、本领恐慌，就无法胜任本岗位的工作，这也必然带来岗位风险。2020年3月30日湖北省黄冈市第五届人民代表大会常务委员会第二十七次会议通过了免去唐志红（女）的黄冈市卫生健康委员会主任职务的决定。

唐志红为什么被免职？请看央视报道：2020年1月29日，中央指导组派出督查组，赶赴黄冈市进行督查核查新冠肺炎疫情情况，对于黄冈市定点医院收治能力、核酸检测能力的明确数据等，黄冈市卫健委主任、疾控中心主任竟一问三不知。

以下为部分对话：

督查组：现在收了多少人？

黄冈市疾控中心主任陈明星：这个我不太清楚。

督查组：最多容纳多少人？

黄冈市卫健委主任唐志红：（打电话）你赶紧把数字告诉我……（挂电话）他马上就来。

记者：刚才在问具体床位的时候，您一直在查资料、打电话问，您掌握这个情况吗？

黄冈市卫健委主任唐志红：是啊，我是在问收治多少病人，我问多少病人，因为每天都在变化。

记者：现在有多少例病人？

黄冈市卫健委主任唐志红：这我不知道，我搞不清楚。

记者：您觉得这是很细节的问题？

黄冈市卫健委主任唐志红：我只知道有多少张床位，你非要问我收治多少病人。①

作为黄冈市卫健委主任，对专业业务疫情的情况居然一问三不知，在其位，不谋其政，免职是必然的、必须的，不是偶然的。

（三）年轻干部岗位风险形成的主要原因

年轻干部队伍是一个特殊群体。这种特殊，主要体现在年轻干部是公共权力的掌握者和行使者这一点上。因此，分析年轻干部岗位风险形成的原因，必须从年轻干部岗位的特殊性上着手。

第一，权力的本质所决定的。权力具有支配和控制的力量，这是权力的本质。

权力不仅可以支配人，还可以支配物。"权力支配着包括物质资源和文化资源在内的所有社会资源的配制，只要拥有权力，就意味着拥有社会资源。在官本主义条件下，拥有金钱和财产，可能但不一定拥有权力；反之，拥有政治权力，则必定

---

① 《湖北黄冈市卫健委主任唐志红被免职》，中国新闻网，2020 年 1 月31 日。

会拥有经济特权，只要掌握权力的官员愿意，这种经济特权可以直接变换成其个人的金钱和财产"①。

所谓官本主义，"就是指以权力为本位的政治文化和社会政治形态，在这种政治文化和社会政治形态中，权力关系是最重要的社会关系。官本主义严格来讲是一种权力本位主义"②。

权力不仅是一种支配力量，还是一种可以强制他人服从的强制力量。德国著名的政治经济学家、社会学家马克斯·韦伯就认为："权力意味着在一种社会关系里哪怕是遇到反对也能贯彻自己意志的任何机会，不管这种机会是建立在什么基础上。"③

由权力的本质可以看出，权力能带来利益。"权力导致腐败，绝对权力绝对地导致腐败。"英国剑桥大学教授阿克顿勋爵的这句名言，大家都不陌生。

而能带来利益的权力，是由人执掌和使用的，而人是具有自利性，甚至是自私性本质的，即人在大多数情况下是利己和自私的。如果权力没有受到有效的监督和制约，掌握公权力的个人，可能就会运用公权力谋取自己的私利，即用权寻租、以权谋私。

所谓"用权寻租"，是指权力执掌者利用手中的权力，避

---

① ② 俞可平：《什么造成社会的官本文化？》，《凤凰大学问》，2013 年 5 月 31 日第 53 期。

③ 马克斯·韦伯：《经济与社会》，林荣远译，商务印书馆 1997 年版，第 81 页。

开各种监控、法规和审核，来寻求并获取自身经济利益的一种非生产性活动。

从经济学的角度看，寻租活动是不创造任何财富的。它只是一种纯粹的财富转移活动，是社会强势集团对弱势群体的掠夺。

据此而言，年轻干部用权寻租，就是利用手中掌握的公共权力对公共资源进行掠夺。

对公共资源进行公平公正的分配，是社会对公共权力的基本诉求，而权力寻租，则是对社会公平的一种严重的破坏、践踏。这种破坏、践踏，无疑会导致社会的不满，从而使年轻干部的岗位风险加剧。

以权谋私，就是以公权谋取私利。它是现今权力腐败最主要的一种形式。

《中国共产党章程》第一章第二条强调："中国共产党党员永远是劳动人民的普通一员。除了法律和政策规定范围内的个人利益和工作职权以外，所有共产党员都不得谋求任何私利和特权。"

权力的公共性和人民性要求年轻干部必须为公共目标而履职，为人民群众谋利益，全心全意地为人民服务。然而，有的年轻干部却用它来谋取私利，大搞权钱交易、权色交易。这也必然加大他的岗位风险。

第二，年轻干部本身的素质所决定的。年轻干部的素质主要包括德和才两部分的内容。

《周易·系辞下》中云："德不配位，必有灾殃。德薄而位尊，智小而谋大，力小而任重，鲜不及矣。"

一个年轻干部如果他的德行与他所处的位置不匹配，一定会招致灾祸，德行浅薄而位置尊贵，智力不足而谋略庞大，力量弱小而责任重大，都是会形成岗位风险的。

当今的年轻干部，尤其是"一把手"，在工作岗位上肩负着无限的责任，发展的责任、稳定的责任、安全的责任，等等，而且"一把手"还是第一责任人。理论上讲，责任和能力应该相匹配。但现实中，却并非如此，尤其是责任无限大、无限多的时候，年轻干部能力如果有限，那岗位风险就会随之加大。

第三，别有用心者的"围猎"所导致的。因为权力具有支配力，能给人带来利益，因此，握有权力的年轻干部，就会成为一些别有用心者的"围猎"对象。这些别有用心者通过"围猎"年轻干部，让年轻干部手中的权力成为自己获利的砝码。

年轻干部不能低估这些别有用心者的"围猎"。为了搞定年轻干部，这些别有用心者真是无所不用其极。他们选定选准目标，利用花样繁多的手段，甚至量身定制打造"诱饵"，来"围猎"年轻干部。

在这些别有用心者的"围猎"下，年轻干部的岗位风险更为加大。

二

有岗位风险意识才能行稳致远

有人说，为官从政就像在天上驾驶飞机，不管你飞得有多高有多快，关键是要能平稳落地，不出事，这才是王道。我觉得这个比喻非常贴切。

年轻干部要想在仕途上行稳致远，不能忽视岗位风险意识。一个具有岗位风险意识的年轻干部，会警钟长鸣，时刻不忘警示自己，在忧患中稳步向前。

（一）岗位风险意识是警醒剂

年轻干部要想不犯错误，需要时刻保持清醒的头脑。知道哪些事情能做，哪些事情不能做；知道哪些地方能去，哪些地方不能去；知道哪些话能说，哪些话不能说；知道哪些话能听，哪些话不能听；知道哪些人能交往，哪些人不能交往。

而年轻干部要保持清醒的头脑，岗位风险意识就是警醒剂。

这一警醒剂会让年轻干部在遭遇"围猎"的时候，能突破重围；会让年轻干部在复杂的政治环境中，不迷失航向；会让年轻干部在糖衣炮弹中，不为弹幕遮望眼。

有的年轻干部"早节不保"，很大程度上是缺乏这个"警醒剂"。他们被别有用心者"围猎"，还认为是自己人缘好，是朋友的关爱。有一位落马的年轻干部在忏悔书中写道："之前认为吃饭是人际交往的一种方式，算不上利益往来，殊不知原则立场就是在吃吃喝喝中淡化的。"

（二）岗位风险意识是安全线

年轻干部的岗位风险和岗位安全是一体两面。年轻干部时刻不忘岗位风险意识，时时不忘提高警惕，才会居安思危，思则有备，有备无患，从而获得岗位安全。

司马光在《资治通鉴·唐纪·唐纪九》中曾经记载过这样一件事情：

唐太宗对身边的大臣们说："治理国家就像治病一样，病虽然好了，也应当休养护理。假若马上就自我放纵，一旦旧病复发，就没有办法救治了。现在国家很幸运地得到和平安宁，四方的少数民族都服从，这真是自古以来都罕见的，但是我一天比一天小心，只害怕这种情况不能维护久远，所以我希望能经常听到你们的进谏争辩。"

魏征回答说："国内国外得到治理安宁，臣不认为这是值得喜庆的，我只对陛下居安思危感到高兴。"

（原文：上谓侍臣曰："治国如治病，病虽愈，尤宜将护。傥遽自放纵，病复作，则不可救矣。今中国幸安，四夷俱服，诚自古所希，然朕日慎一日，唯惧不终，故欲数闻卿辈谏争也。"

魏征曰："内外治安，臣不以为喜，唯喜陛下居安思危耳。"司马光：《资治通鉴·唐纪·唐纪九》）

唐太宗李世民在位期间为什么能出现政治清明、经济复苏、文化繁荣的治世局面？这跟他居安思危、时刻不忘岗位风险有着直接的关系。虽然当时"中国幸安，四夷俱服"，亘古未有，但他却一天比一天小心，唯恐不能善始善终。也正是因为如此，成就了他的"贞观之治"。

可以说，年轻干部岗位安全的前提是不忘岗位风险意识。唯如此，方能既飞得高、飞得稳，又能平稳落地。

四川省简阳市医疗保障事务中心财务基金管理科原工作人员温鑫就是没有岗位风险意识，利用手中的办事权力贪腐，而走向深渊的。

温鑫，男，1992年1月出生。2019年6月至2020年7月，温鑫在简阳市医疗保险管理局财务科、简阳市医疗保障事务中心财务基金管理科工作期间，利用职务便利，先后39次从简阳市公务员医疗保险基金及离退休人员医疗保险基金两个账户中，转出191.52万余元到其掌握的以他人名义办理的银行卡内，用于偿还个人贷款和日常消费。2020年11月，温鑫受到开除党籍、开除公职处分。2021年2月，温鑫被简阳市人民法院以贪污罪判处有期徒刑六年六个月。

这是2022年3月10日成都市纪委监委通报8起年轻干部腐败问题典型案件之一。

（三）岗位风险意识是生命线

年轻干部是有两个生命的：一个是自然生命，另一个是政治生命。不管是自然生命，还是政治生命，都是需要精心呵护的。

年轻干部如何精心呵护自己的生命？有一个重要的方法不应忘记，这就是要强化岗位风险意识。岗位风险意识是年轻干部的生命线。

看看那些被惩处的腐败官员，皆是没有岗位风险意识所在者。王怀忠、郑筱萸、赖小民等莫不是如此。

王怀忠落马前担任安徽省副省长，并担任过阜阳地委书记。他在阜阳市主政期间，经常吹嘘"阜阳是我王家的天下"。

2000年6月，阜阳在没有拆分成阜阳、亳州两个市之前，有1300多万人口。对此，王怀忠津津乐道。他经常自诩，阜阳的人口超过北京、上海，是"中国最大的市"，而他则是

"第一市的市委书记"。

一次在酒桌上，他还把阜阳市人口与世界各国人口比较排名，还醉醺醺地说自己是"世界第58国总统"。

有人拍他的马屁，给他送了一幅字，上书："颍（阜阳）亳两州一圣王"。他如获至宝，作为珍品收藏。

飞扬跋扈，独断专行，以此来评价王怀忠，恰如其分。阜阳的一些干部讲："没有王怀忠不敢说的话，没有王怀忠不敢干的事。"

阜阳，就是他的家天下。阜阳的土地，只有他的"一支笔"才有权批。

一些不法开发商因此而投其所好，带着年轻美貌的女子去陪他喝酒。他喝得高兴，就大笔一挥。

更有甚者，他还在酒桌上拍胸脯："多喝一杯，平均一亩地均减价一万。"

"没有王怀忠不敢说的话，没有王怀忠不敢干的事"，"多喝一杯，平均一亩地均减价一万"，足见他没有任何岗位风险意识。

2004年2月12日上午10时30分，经最高人民法院核准，王怀忠在山东济南被注射执行死刑。

郑筱萸是国家食品药品监督管理局原局长。经查实，他在任期间，利用职权之便，直接或通过妻子、儿子，多次收受贿赂，款物合计649万余元。其中大部分是在药品注册中收受的贿赂。

2001 年至 2005 年逢年过节，海南某制药有限公司董事长范某都会到北京来"看望"郑筱萸。每次看望郑筱萸时，他都会留下少则 5000 元，多则上万元钱。

郑筱萸每次都笑纳了。据郑筱萸交代，他前后共笑纳了11 万余元。作为回报，该公司申报药品注册时，郑筱萸都是亲自给注册司和审评中心打电话催办。

这就是郑筱萸权钱交易的冰山一角。多行不义必自毙。2007 年 7 月 10 日上午，经最高人民法院核准，国家食品药品监督管理局原局长郑筱萸，因犯受贿罪、玩忽职守罪，而且情节特别严重，在北京被执行死刑。

赖小民是中国华融资产管理股份有限公司原党委书记、董事长。据检察机关起诉指控，赖小民利用"职务上的便利，为他人谋取利益，或利用职权、地位形成的便利条件，通过其他国家工作人员职务上的行为，为他人谋取不正当利益，索取、非法收受他人巨额财物；伙同他人，利用本人职务上的便利，非法占有巨额公共财物……"[①]

检察机关对赖小民起诉指控的这些内容，皆是利用职务上的便利或利用职权、地位形成的便利条件来谋取不正当利益，显而易见，赖小民没有一丁点儿岗位风险意识。

赖小民直接或通过他人索取、非法收受相关单位和个人给予的财物，共计折合人民币 17.88 亿余元，其中 1.04 亿余元

---

① 《天津检察机关依法对赖小民涉嫌受贿、贪污、重婚案提起公诉》，高检网，2019 年 1 月 15 日。

尚未完成收受。他还在合法婚姻关系存续期间,与他人长期以夫妻名义共同居住生活,并育有二子。

2021年1月5日,天津市第二中级人民法院公开宣判赖小民受贿、贪污、重婚一案,对被告人赖小民以受贿罪判处死刑,剥夺政治权利终身,并处没收个人全部财产;以贪污罪,判处有期徒刑十一年,并处没收个人财产人民币二百万元;以重婚罪,判处有期徒刑一年,决定执行死刑,剥夺政治权利终身,并处没收个人全部财产。

2021年1月29日上午,经最高人民法院核准,天津市第二中级人民法院依照法定程序对赖小民执行了死刑。

王怀忠、郑筱萸、赖小民之死,给一些腐败分子敲响了丧钟,也给年轻干部敲响了警钟,警钟要长鸣,要时刻用岗位风险意识来提醒自己,这是岗位安全的保证,也是对自己自然生命和政治生命的守护。

三

岗位风险虽有危机但也是契机

　　年轻干部面临的岗位风险大，这是不争的事实，甚至有人认为干部是高危职业。但这并不能说明干部岗位就是"台风眼"，谁都能被刮进去。其实，绝大多数干部都在工作岗位上安全、高效地工作着，为党和人民的事业贡献着他们的聪明才智。可以说，岗位风险虽有危机但也是契机，年轻干部对此应该有正确的认知。

（一）严加防范，就没有风险，更别说危险

　　岗位风险，虽然在年轻干部从业的过程中具有一定的发生概率，但年轻干部只要严加防范，这种发生概率就会降到最

低，甚至不会出现。

比如说，用权有风险，但年轻干部只要秉公用权、执政为民，用权就没有风险。而且不仅没有风险，还会得到人民群众的爱戴和拥护。

焦裕禄为什么能成为党的优秀干部？就是他能时时注意防范岗位风险，秉公用权、执政为民，不用公权来谋取私利。

焦裕禄的大哥在尉氏县乡下生活。一天，焦裕禄的大嫂从尉氏县来到兰考，要焦裕禄在兰考给初中毕业的侄子安排个工作。听了大嫂的要求，焦裕禄摇了摇头，对大嫂说："不中。我是县委书记，县委书记怎么能违反国家政策呢！"

大嫂见焦裕禄拒绝了自己的要求，很生气，说："俺这穷亲戚攀不上你这当大官儿的。"说罢，就头也不回地走了。

焦裕禄作为兰考的县委书记，在兰考给侄子安排一个工作可以说是一件轻而易举的事情，但焦裕禄却拒绝了大嫂的请求，因为他不能违反国家政策，用公权为自己的亲属谋取私利。

相反，群众有困难、有问题，他却总是想方设法帮助解决。

1963 年 12 月 11 日，焦裕禄访贫问苦来到农民张传德的家。在张传德家，焦裕禄看到张传德的爱人抱着一个面色青紫、骨瘦如柴的小男孩在默默地流泪。焦裕禄经过询问得知，孩子患了重病，无法医治，张传德准备把他抱到村外扔了。

焦裕禄抱过孩子，用手摸了摸孩子的胸口，感觉孩子的小心脏还在微微跳动；他又用手触摸孩子口鼻，隐约感到一丝若有若无的热气。

焦裕禄对张传德夫妻说："孩子还活着，不能扔！只要还有一点希望，就得想法子把他救过来！"

说着，焦裕禄掏出一个小本子，在上面给县医院高芳轩院长写了几句话，请高芳轩院长千方百计也要把孩子给治好。写完，他撕下那张纸，要张传德拿着那张纸送孩子去医院找高院长。

张传德不相信凭着这张纸县医院的院长就能给自己的孩子治病。焦裕禄见张传德心里不踏实，就拉着他来到大队部，用摇把子电话跟县医院高院长通话，要求他全力抢救这个病儿。

从焦裕禄跟高芳轩院长的通话中，张传德搞清楚了，这个写纸条的人是县委书记。他赶紧跟爱人一起，抱着孩子奔向县医院。经抢救，孩子转危为安。

焦裕禄一直惦记着这个孩子，下乡回来3次去医院看望，叮嘱医生一定要把孩子的病治好。25天后，孩子病愈出院，焦裕禄为孩子付了医药费。

这个被救活的孩子原名叫张徐州，为感谢焦裕禄的救命之恩，在焦裕禄去世之后，张传德为儿子改名张继焦，要儿子继承焦裕禄的遗志，发扬焦裕禄的精神。

年轻干部如果都能像焦裕禄那样用权，会有风险吗？没有，绝对不会有。

（二）品行高洁，就不怕围猎，更不怕监督

领导干部常被一些别有用心者"围猎"，并要接受多方位的监督，这是事实。年轻干部也不例外。被"围猎"、被监督，似乎是风险，其实，并非如此。一位品行高洁的年轻干部是不怕被"围猎"，更不怕被监督的。

《左传·襄公十五年》曾经记载这样一则故事：春秋时，宋国有人获得了一块宝玉。他把这块宝玉献给了子罕。子罕拒不接受。献玉的人说："我把这块玉拿给专家看了，专家认为这是一块宝玉，所以，我才敢献给您。"子罕说："我以不贪为宝，你以玉为宝。现在你要是把玉给了我，咱们两个就都失去了宝物。还不如咱们各自留着自己的宝物为好。"

（原文：宋人或得玉，献诸子罕。子罕弗受。献玉者曰："以示玉人，玉人以为宝也，故敢献之。"子罕曰："我以不贪为宝；尔以玉为宝，若以与我，皆丧宝也，不若人有其宝。"《左传·襄公十五年》）

显而易见，子罕被"围猎"了。当时的子罕任司城之职，是主管建筑工程、制造车服器械、监督手工业奴隶的官员。司城位列六卿，是仅次于宰相、三公的高级官员。

面对"围猎"，子罕果断地加以拒绝。

古人的事毕竟久远，那大家来看看发生在焦裕禄身上的一件事：

一次，焦裕禄下乡回家很晚，但到家后，却不见儿子国庆

在家。他正奇怪着，就见国庆兴高采烈地回来了。焦裕禄问国庆："怎么这么晚才回家？"

国庆告诉爸爸："看戏去了。"

"看戏去了，哪来的票？"焦裕禄追问儿子。

"是卖票的叔叔给的。"国庆很得意地说。

听了国庆的回答，焦裕禄很生气，批评了儿子，并拿出 2 角钱，让儿子第二天把票钱补上。

这件事引起了焦裕禄的深思。他认为这不是一件小事。这种苗头如果不加以制止，就会助长特殊风气。因此，他在县委会上作了深刻检讨，检讨自己教育子女不严。他还因此亲笔起草了要求全县党员干部必须做到的"十不准"。这十不准的主要内容有：不准请客送礼；不准大吃大喝、铺张浪费；不准用公款组织晚会；不准看戏不掏钱；不准到商业部门、合作社部门要求特殊照顾；不准利用职权为亲属、子女安排工作；不准任人唯亲，搞小圈子；婚丧嫁娶不准大操大办等。

焦裕禄带头严格按照"十不准"的要求办事，没有一丝一毫的违背。

像子罕那样的官员，像焦裕禄这样的领导干部会成为"围猎"者的猎物吗？他们担心被监督吗？答案很清楚，他们不会成为"围猎"者的猎物，也不用担心自己被监督。

（三）能力高强，就不怕风险，更不惧危险

年轻干部的岗位风险，绝大部分是可以靠品行高洁来化解的，但也有的风险不仅要求年轻干部品行高洁，还要求年轻干部有着高强的岗位能力，能够处理复杂棘手的工作问题。如果岗位能力不强，无法胜任工作，岗位风险就会变成岗位危险，甚至会酿成危机。如果年轻干部有着高强的岗位能力，岗位风险就会变成岗位经验，成为自身发展的契机。请看宋鱼水。

宋鱼水是北京知识产权法院党组成员、副院长兼政治部主任。她进入法院 30 多年来，没有一件案子因裁判不公被投诉被举报。

这一方面归功于她坚持原则、办案公正，她给自己"约法三章"：不轻视小额案件，因为涉及百姓生活；公平对待当事人，不管是外地人还是本地人，是穷人还是富翁；以宽容的态度对待当事人，充分尊重当事人的尊严和利益。

另一方面也跟她岗位能力高强有着直接的关系。这从她的一些著述中就可以看得出来。她撰写有《试析理工达盛案件的调解方式和方法》《浅论税务行政行为引起民事法律关系争议的处理模式》《论无效合同的认定与处理》等，这些文章实际上是她办案工作经验的总结，而这些经验就是她岗位能力的展现。也正因为如此，她被当事人誉为"辨法析理、胜败皆服"的好法官。

2018 年 12 月 18 日，中央政法委长安剑揭晓"改革开放

40 周年政法系统新闻影响力人物"，宋鱼水入选。2019 年 9 月
25 日，宋鱼水获"最美奋斗者"个人称号。2022 年 6 月宋鱼
水当选党的二十大代表。

　　法官经常被投诉，尤其是基层法官，被投诉是家常便饭，
有人还专门撰写了《基层法官被投诉的成因及对策分析》，显
而易见，法官岗位风险不小。但宋鱼水 30 多年来，却没有一
件案子因裁判不公被投诉被举报，其原因无非是两条，品行高
洁，岗位能力高强。

第三章

用火眼金睛
识破围猎伎俩

『围猎』，本意是指在打猎时，四面合围而捕捉禽兽。近年来，『围猎』在反腐败斗争中常常被提及，如『甘于被围猎』『要防范被利益集团围猎』等。这里的『围猎』，是喻指利益集团或不法分子把一些干部、特别是领导干部当作『猎物』一样围剿。『从我们的角度，我们就是猎人，这些领导就是猎物』，一个不法商人的话暴露了『围猎』者的真实面目。

围猎者常用的主要"围猎"伎俩

从已查处的年轻干部腐败案例中，我们不难看到，"围猎者"对年轻干部的"围猎"，手段形形色色，花样不断翻新，可谓无所不用其极。正是在这些形形色色的"围猎"手段中，有的年轻干部落下马来。

（一）直面进攻型

这种围猎手段，主要用于那些"甘于被围猎"的年轻干部。

"围猎者"了解到有的年轻干部特别喜欢"孔方兄"，便用金钱来正面进攻围猎。1989年8月出生的四川省遂宁市船山区市政公用事务中心综合股股长李维斯，就是被"围猎者"正面进攻围剿落马的。他在忏悔书中写道,自己"甘于被'围猎',大肆收取企业或个人所送的几千、几万甚至是几十万的贿赂"①。

李维斯与不法中介结成利益联合体,"长期在审核把关企业资质过程中,利用职务之便为他人谋取利益并收受和索要财物,甚至假借他人名义成立有资质的公司倒卖并从中获利"②。

李维斯在2016年至2019年的3年间,就收受或共同收受他人财物近300万元。

据有关方面披露,李维斯在第一次收受红包后,便认识到自己的岗位非常"值钱",于是,逐渐沉溺于"钱途"。心甘情愿地直面中介、老板的"围猎",很快就走上了"致富之路"。当然,这种"致富之路"也是他的毁灭之路。

东窗事发之后,李维斯"心中满是悲伤、无奈、痛苦和后悔"。他在忏悔书中写道:

"初进单位时,我朝气蓬勃,意气风发,充满了理想与抱负。但好景不长,由于我自身的纪法意识不强、素质不高、底线不牢,让资质产业链上别有用心之人有机可乘。从最初答应饭局都会考虑再三,到后来甘于被'围猎',大肆收取企业或个人所送的几千、几万甚至是几十万的贿赂,这触目惊心的变化只用了不到三年时间,这短短的三年让之前所有的努力与付出都付之一炬,自己终将被钉在耻辱柱上。

---

①② 遂宁市纪委监委:《"85后"干部忏悔:甘于被围猎,不到三年把自己钉在了耻辱柱上》,上观新闻,2023年1月28日。

"我诚心悔思己过，悔不该当初却又是咎由自取。其根源在于作为公职人员纪法意识淡薄，不进行系统性的学习，缺乏起码的敬畏之心。面对拉拢腐蚀、金钱诱惑，'三观'发生扭曲，底线逐步失守，最终甘于被'围猎'走向腐化堕落。我的行为是对自己及家庭的严重不负责任。与'朋友'推杯换盏时，与人不正当经济往来时，贪图那一时的享乐，全然不知自己的前途命运、家庭幸福都已亲手葬送。"[1]

悔之晚矣！2022年11月，李维斯因犯受贿罪，被遂宁市船山区人民法院依法判处有期徒刑4年6个月，并处罚金人民币40万元。

（二）慢煮青蛙型

慢煮青蛙，是用文火慢慢煮青蛙。这来自19世纪末美国康奈尔大学科研人员所做的一个"水煮青蛙实验"。

科研人员把青蛙扔进开水里，青蛙因受不了突如其来的高温刺激而立即奋力从开水中跳出来，并得以成功逃生。后来，科研人员把青蛙先放进装着冷水的容器里，然后再不断加热。科研人员观察到：一开始，青蛙在舒适的水温下，悠哉悠哉。后来，当青蛙感觉到高温无法忍受时，它想逃出来，但已经是

---

[1] 遂宁市纪委监委：《"85后"干部忏悔：甘于被围猎，不到三年把自己钉在了耻辱柱上》，上观新闻，2023年1月28日。

心有余而力不足了，于是，悠哉悠哉地被煮死在开水里了。

在年轻干部的腐败案中，有许多年轻干部就是被温水慢煮给"煮"死的。围猎者长期耐心"关怀"，小额、隐蔽、细水长流的"围猎"方式，像温水一样，让一些不清醒的年轻干部丧失了应有的警惕，放下了该有的戒备，结果，接受了围猎者的一些小恩小惠，最后从量变到质变，走上了犯罪的道路。例如：

熊玮是福建省厦门市翔安区执法局执法大队原副中队长，1980年出生。他走上领导岗位之后，工程承包商洪集聚就经常带着烟酒茶叶到他办公室泡茶聊天。熊玮家装修的时候，洪集聚又赠予他钱物16万余元。拿人钱财，替人消灾，熊玮利用自己监管拆除违章建设的职务便利，对洪集聚违章建设的厂房予以关照。

真是"自以为是一杯茶，却不知是一个局"。熊玮就是在这细水长流的烟酒茶中倒在了起跑线上。

（三）长线投资型

长线投资也是"围猎者"常用的"围猎"手段。"围猎者"认为，有的年轻干部是"绩优股"，很有成长性，未来可期。他们虽然现在不担任要职，但前程似锦，前途无量，在他们"蹲苗"的时候，给他们"培点土""浇点水"，培养好感情，等他们长成大树，自己就可以受到大树的庇荫，在大树下"乘凉"了。请看一个"围猎者"的交代："一些年轻干部虽然现在不在要职，但前途可期，长期维系好关系，随着他们的进步，我也能水涨船高。"①

2022年1月27日，湖南省反腐专题片《反腐倡廉永远在路上》第一集《决不饶恕》播出。一个成功围猎到"猎物"的商人段瀚林出现在镜头前。他围猎到的"猎物"就是湖南省永州市委原副秘书长、祁阳县委原书记周新辉。

段瀚林对周新辉的围猎，是典型的"期货围猎"，长线投资。他在周新辉还没有担任县委书记之前，就盯上了这个"猎物"，主动接近周新辉，并施以小恩小惠，拉拢感情。

段瀚林第一次跟周新辉在饭桌上宴饮，就紧盯周新辉的筷子，看他喜欢吃哪一道菜。段瀚林看到周新辉喜欢吃牛肉，就给周新辉家送去牛肉；周新辉的孩子上学，段瀚林就递上大红包；段瀚林还从周新辉的妻子下手，送给她购物卡。周新辉视段瀚林为知心朋友。

2016年8月，时年48岁的周新辉升任祁阳县委书记，段瀚林非常开心。他回忆说："我知道他当上县委书记了，那我在祁阳工程领域的'春天'就来了。""如果他担任县委书记以后，我再来给他送钱送物，到时候已经为时过晚了，肯定要先

① 兰琳宗：《年轻干部对"围猎"要保持高度警觉》，《中国纪检监察报》，2023年3月21日。

下手为强。"①

段瀚林的长期投资带来了不小的利润。他通过周新辉，在祁阳大赚 2000 万。

云南反腐警示专题片《围猎：行贿者说》第一集中，重庆商人程绪库说，揣测、观察、了解、逢迎、讨好，就是一个"投资"，这个"投资"是一本万利的事。没有围猎者一开始是抱着交朋友的目的去的，无非是想从他们身上获取更大的利益罢了。

这赤裸裸地道出了围猎者"围猎"的真实目的。围猎者知道，如果围猎位高权重者，难能围猎成功，即便围猎成功，围猎的成本也会非常高，但围猎政坛潜力股，一旦政坛潜力股成功，那就是"一本万利"的买卖。

（四）迂回包抄型

所谓迂回包抄型围猎，就是选择年轻干部的外围作为突破口，让其家人或身边人作"马前卒"来对"猎物"进行"猎杀"。换句话说，就是围猎者先俘获年轻干部的家人或身边人，再借助他们来为自己谋求不正当利益。例如：国家发改委原副主任、国家能源局原局长刘铁男就是这样被围猎的。

---

① 柴归：《政坛潜力股"围猎者"：先投资，他升官，我的"春天"就来了》，《潇湘晨报》，2022 年 1 月 28 日。

根据判决书显示，刘铁男案涉及的3558万余元财物中，通过他的儿子刘德成收受的贿赂达到3400余万元，占到了受贿总额的97%。

2005年，时年49岁的刘铁男担任了国家发改委工业司司长，他的儿子刘德成20岁。南山集团董事长宋作文为了让南山集团下属企业获得3万吨氧化铝的收购权，找到了刘铁男的儿子刘德成。

最终，由刘铁男出面，帮助南山集团下属企业完成了这笔购销合同。作为回报，宋作文将人民币750万元汇入刘德成控制的北京金华实科贸有限公司账户。

2014年12月10日，法院对刘铁男受贿一案作出一审判决，以受贿罪判处刘铁男无期徒刑，剥夺政治权利终身。

这是典型的迂回包抄型围猎。宋作文俘获了刘铁男的儿子刘德成，再由刘德成出面攻克了他的父亲刘铁男，最后围猎成功，宋作文也达到了他的目的。

二

能抵挡"围猎"的有效技术方法

以现在年轻干部的智商，识破"围猎者"的"围猎"伎俩其实并不难，谁不知道"天下没有免费的午餐"？谁不晓得"世界上没有无缘无故的爱"？困难的是，年轻干部在识破了"围猎者"的"围猎"伎俩之后，如何能抵挡住诱惑不被"围猎"。

年轻干部要抵挡住诱惑不被"围猎"，根本在于坚定理想信念，树立正确的人生观、价值观、权力观，但有一些技术方法也是抵挡"围猎"的直接而有效的方法。

（一）读一读陈毅的《手莫伸》

明代著名文学家冯梦龙在他所著的《醒世恒言》中，曾经讲过这样一个故事：

有一位姓薛的官员生病了。他在高烧昏迷中梦见自己化为一条鲤鱼，跃入湖中。他入湖之际，恰逢渔夫垂钓。薛官员心里明白，饵中有钩，吞之必祸，但他却抵挡不住饵香扑鼻。于是，他张口吞之，最终被渔夫钓去。

冯梦龙点评曰："眼里识得破，肚里忍不过。"真是一语惊醒梦中人。

纵观那些落马的年轻干部，其情形有的与冯梦龙笔下的薛姓官员真是异曲同工。

对贪污受贿的弊端，他们不能说不知道；对违犯党纪国法的害处，他们不能说不清楚。但知道了、清楚了为什么还要去贪污受贿？为什么还敢去违法违纪？这就是冯梦龙所讲的："眼里识得破，肚里忍不过。"

"肚里"如果"忍不过"，即使"眼里识得破"又有什么用？关键是眼里识得破，肚里还得忍得过。

话说着容易，要能"忍得过"的确不容易。面对唾手可得的金钱，面对喷香扑鼻的佳肴，如何才能"眼里识得破，肚里也能忍得过"，陈毅给出了一个技术方法。

1954年2月，陈毅同志写下了《七古·手莫伸》一诗。诗中写道：

> 手莫伸，伸手必被捉。
>
> 党与人民在监督，万目睽睽难逃脱。

汝言惧捉手不伸，他道不伸能自觉。

其实想伸不敢伸，人民咫尺手自缩。

岂不爱权位，权位高高耸山岳。

岂不爱粉黛，爱河饮尽犹饥渴。

岂不爱推戴，颂歌盈耳神仙乐。

第一想到不忘本，来自人民莫作恶。

第二想到党培养，无党岂能有所作？

第三想到衣食住，若无人民岂能活？

第四想到虽有功，岂无过失应惭怍。

吁嗟乎，

九牛一毫莫自夸，骄傲自满必翻车。

历览古今多少事，成由谦逊败由奢。

陈毅同志并不否认权力、美色、颂歌对人的诱惑，关键是面对诱惑怎么办？陈毅给出了办法：想到不忘本，来自人民莫作恶；想到党培养，无党岂能有所作；想到衣食住，若无人民岂能活；想到虽有功，岂无过失应惭怍。

陈毅同志的这首诗，无论在当时、现在乃至将来，都能给人以警示。

年轻干部在平日里或受到诱惑时，应该读一读陈毅的这首诗，想一想陈毅给出的方法，这对经受住权力、金钱、美色的考验，会大有裨益。

华裔女作家六六在《蜗居》中说过这样一句话："一个人的

伟大，并不是说你为社会作出了多少贡献，你多有成就，而在你在面对诱惑的时候，你懂得放弃。"

的确，一个人如果面对诱惑不懂得放弃，即便他曾经为社会做过贡献、取得过成就，但也会被一"诱"毁所有。

（二）算一算腐败的"成本账"

腐败是有成本的。所谓腐败的成本，就是腐败主体因腐败行为而付出的代价。虽然算腐败的成本账是一个老话题，但在"围猎"的诱惑面前，算一算腐败的"成本账"会让人瞬间警醒。

古往今来，有许多因为会算腐败成本账而远离诱惑的官员。战国时鲁国的丞相公仪休，就是这样一位官员。《韩非子·外储说右下》记载过他的算账故事：

公仪休喜欢吃鱼。于是，鲁国的人争先恐后买鱼送给他。但是，公仪休却从来不接受任何人的馈赠。

他弟弟奇怪地问："您喜欢吃鱼，为什么人家给您送鱼您却不接受呢？"

公仪休回答说："正因为我喜欢吃鱼，我才不接受。我如果接受了别人送的鱼，就要看别人的脸色行事。看别人的脸色行事，将会徇私舞弊，贪赃枉法。徇私舞弊，贪赃枉法，相位就会被罢免。相位被罢免，他们就不会再给我送鱼，我也不能再有俸禄买到鱼。如果我不接受别人送的鱼，我就不会被免职，即使我爱吃鱼，我也能用俸禄买鱼吃。"

（原文：公仪休相鲁而嗜鱼，一国尽争买鱼而献之，公仪子不受。其弟谏曰："夫子嗜鱼而不受者，何也？"对曰："夫唯嗜鱼，故不受也。夫即受鱼，必有下人之色；有下人之色，将枉于法；枉于法，则免于相。虽嗜鱼，此不必致我鱼，我又不能自给鱼。即无受鱼而不免于相，虽嗜鱼，我能长自给鱼。"《韩非子外储·外储说右下》）

公仪休是不是很会算"腐败的成本账"？尽管算"腐败成本账"的方法是一种老生常谈，但老生常谈还得谈，因为这个方法确实管用、有效。

年轻干部在被"围猎"遇到"诱饵"的时候，不妨算一算以下几笔账：

第一，算一算政治账。年轻干部在政治上成长起来，成为执政骨干、政治精英，不是一件容易的事情。既需要党组织的培养教育，也需要自身的不懈努力、追求，还需要家庭的鼎力支持。要是遇到"诱饵"，一旦肚里忍不过，逾越了底线，被绳之以法，政治生命就完结了，政治前途也随之毁灭。这带来的不仅是组织上的损失，更是自身、家庭的损失。

第二，算一算经济账。实事求是地讲，进入体制内的年轻干部实际上比一般百姓的生活要稳定得多。但是，如果贪赃枉法了，原有的一切都将付之东流。

明朝皇帝朱元璋，每逢启用新官，他都要给新官上课，讲"守井理论"。朱元璋语重心长地告诉他的臣子："老老实实地守着自己的俸禄过日子，就像是守着井底之泉。井虽然不满，可却能每天汲水，长久不断。如果四处搜刮民财，闹得民怨沸腾，你就是手段再高明，也难免东窗事发。而一旦东窗事发，你就要受牢狱之苦，判决之后，再送去服劳役。这时候，你得到的那些赃款在哪里呢？也许在千里之外你妻子儿女手中，也许根本就没有了。不管怎么说，这些钱反正不在你手里，而在他人手中。这时候，你想用钱，能拿到手吗？你都家破人亡了，赃物都成别人的了，那些不干净的钱还有什么用呢？"

这段故事被收在朱元璋《大诰》论官之任第五中，吴思先生在《潜规则——中国历史中的真实游戏》一书中，引述了这个故事，我不敢掠人之美。

平心而论，与一般人相比，年轻干部的生活物质待遇是不薄的。但如果因为贪污受贿而被绳之以法，不仅非法所得会被没收，原有的不薄生活待遇也将失去。与其提心吊胆地挥霍腐败所得，不如心安理得地享用合法报酬。

第三，算一算自由账。有自由，才有生命的精彩，生命也才有意义。自由的可贵，只有失去自由的人才能真正体悟，真正彻悟。

"自由，真是别时容易见时难呀！"这是河北省国税局原局长李真在监狱里常常感叹的话。

江苏省镇江市水利投资有限公司某工程建设管理处副组长张德平，在他的忏悔书中写道：

"因为自己的欲望和无知，我越过了法律底线，贪欲、赃

069

款赃物都将我推下万丈深渊，改变了我的人生轨迹，浇灭了家庭的欢乐。真的不敢想象，年过八旬的父母第一次听到我的消息，受到的打击如何承受；真的不敢想象，人生只有一次的女儿婚礼场景会是怎样的尴尬；真的不敢想象，孤苦伶仃的妻子，一个人怎么在家生活；真的不敢想象，我要度过多少个失去自由的白天黑夜。

"没生病时体会不到身体的重要，没犯法时体会不到法律的威严，失去自由时才懂得自由的珍贵。面对高墙外的阳光、飞鸟、鸣虫，我感觉自己是多么可怜。人生如果可以重新选择，我愿意抛弃金钱，选择自由；我愿意抛弃欲望，选择守法。如果还有机会，我一定遵纪守法，用自己的一技之长，为社会作点贡献。"①

2016年5月23日，江苏省镇江市润州区法院判处张德平有期徒刑四年，罚金35万元人民币，没收赃款762712元，上缴国库。

张德平悔之晚矣，他要在监狱度过四年失去自由的白天黑夜。

"以前我很喜欢听音乐，但是到这里后，却再也不敢听了，害怕勾起过往的回忆。人失去自由以后，家人、孩子一刻都不敢想，一想起来，心里会特别疼，老婆寄过来的信和照片我都不敢看第二遍……"铁窗内，浙江省温州市洞头区产品质量监督检验所原副所长、区食品药品检验检测中心原副主任黄华国

---

① 雷文辉、何亚萍：《危险的第一步》，《检察日报》，2016年7月5日。

懊悔不已。

第四，算一算亲情账。年轻干部一旦腐败落马，直接受到牵连的就是自己的家里人。有人说，这叫"一人落马全家遭殃"。事实也的确如此。他们的精神会受到沉重的打击。有的甚至是妻离子散、家破人亡。

安徽亳州原市委书记、宿州市原副市长李兴民对媒体记者说："我被'两规'之后，我的家属也被组织上找来谈话，我的两个孩子像孤苦伶仃的小鸟在寻找着父亲！我的头脑爆炸了，心碎了。我工作了30多年，可我最终给孩子留下了什么？我要那么多钱做什么？"①

出生于1979年的杭州市上城区望江地区改造建设指挥部原党组成员、副总指挥赵亮，2020年2月25日，因犯受贿罪被判处有期徒刑三年六个月，并处罚金人民币20万元。

对赵亮而言，2019年7月2日是一个终生难忘的日子。因为这一天，他原本打算出席女儿的幼儿园毕业典礼，没想到上城区监委的调查人员出现在了他的面前。赵亮在悔过书中写道："我给了她一些物质生活条件，却忘了她最需要的是稳定的家庭和用心的陪伴，现在在她最需要我、最需要安全感的时候，我却离开了她，她的美好未来和前途全被我给毁了。"②

---

① 陈戈：《一手遮天——18名县委书记垮掉的警示》，新华出版社2006年6月版。

② 清廉杭州：《警钟 | "我亲手断送了自己的梦想"——一个年轻干部的沉痛忏悔》，澎湃新闻，2020年4月1日。

人有趋利避害的本能，经济学上讲在"约束条件下争取利益最大化"。什么是利，什么是害，一算账自然就会明白。

人应该在约束条件下争取利益最大化，而不能为所欲为。为所欲为，即使得到了最大化的利益，最后也终究会失去。要知道，"合法收入 + 贪污所得 ＝ 0"。

年轻干部要学会算大账，算长远的账，别只算小账，只算眼前的账。

（三）想一想贪欲的"不归路"

人生来就有欲望。目欲视、耳欲听、脚欲走、嘴欲吃……年轻干部也不例外。这是正当而必要的欲望。所谓欲望，是想得到某种东西或达到某种目的的要求。

一个人正是因为有了这些正当的、必要的欲望，才有健康、健全的人生，才有幸福、快乐的人生。

但是，这种正当的、必要的欲望也是需要有节制的，不能让它变为贪欲。

目欲视，也不是什么都能看；耳欲听，也不是什么都能听；脚欲走，也不是什么地方都能去；嘴欲吃，也不是什么饭都能吃。如果看了不该看的东西，如淫秽电影；去了不该去的地方，如色情场所、赌博场所，就会摊上大事了。

欲望是一把双刃剑。欲望能成就人，也能摧毁人。欲望虽然对创造世界文明，推动人的进步、成长和成才，起着巨大的内驱作用，但欲望是有边界的。逾越了欲望的边界，欲望变成了贪欲，贪欲就会毁掉一个人，甚至毁灭世界。

圣雄甘地说过这样一句话："地球能满足人类的需求，但地球不能满足人类的贪欲。"

贪欲，是无止境的欲望。有句成语，叫作"欲壑难填"，指的就是贪欲。

人类的"欲望"一旦变成"贪欲"，就会让地球难能承受；人的"欲望"一旦变成"贪欲"，就会让他人无法接受。

欲壑难填、贪来贪去的结果，会把自己送上一条不归路。

难填的私欲，让一些原本很有发展前景的人走向了罪恶的深渊。

"我第一次利用职权私分国家补助资金时，心里非常紧张、害怕，但贪婪、侥幸等心理战胜了理智、惧怕。我觉得，'贪欲'这东西，就像毒品一样，一点都不能沾，有了第一次，就有第二次、第三次……每私分一次，我就告诫自己，这是最后一次，下次千万不能做了。但到了下次，却又故技重演。不论什么钱，我都敢分、敢占，真是贪心不足蛇吞象。有时静下来，也想到这是犯罪呀！我这是怎么啦？但人一旦有了贪念，就迷失了方向和自我。我明知钱、物不属于自己，仍想不劳而获，占公为私，完全违背了自己当初公私分明、先公后私的入党初心。"①

---

① 曹大军、张维华：《陈连东：贪欲就像毒品，一点都不能沾》，正义网，2019年5月28日。

上面这段话出自江苏省盐城市亭湖区新兴镇人力资源和社会保障服务中心原党支部书记、主任陈连东的忏悔书，是贪欲毁了他。

2012 年至 2016 年，陈连东利用职务便利，伙同他人采用虚列支出、收入不入账等方式共同贪污公款 12.9 万元，陈连东分得 4.5 万元；陈连东个人单独采取上述同样手段，贪污公款 5.1 万元；2011 年至 2016 年，陈连东在担任上述职务期间，利用职务便利，为他人谋取利益，收受他人财物，合计人民币 6.65 万元。

2018 年 7 月 6 日，盐城市亭湖区法院以贪污罪判处陈连东有期徒刑二年零五个月，并处罚金 20 万元；以受贿罪判处其有期徒刑十个月，并处罚金 10 万元。决定执行有期徒刑三年，并处罚金 30 万元。[①]

有个人向上帝请求拥有一块自己的土地。上帝对他说："清早，你从这里往外跑，跑一段就插个旗杆，只要你在太阳落山前赶回来，插上旗杆的土地都归你。"

那个人拼命地跑，太阳偏西了还在跑。太阳落山之前，他停下了，但已精疲力竭，摔个跟头就再也没起来。

有人挖了个坑，就地掩埋了他。牧师在给这个人做祈祷的时候说："一个人要多少土地呢？就这么大。"

有没有道理？你有几千平方米别墅，还是只睡一张床；你

---

① 曹大军、张维华：《陈连东：贪欲就像毒品，一点都不能沾》，正义网，2019 年 5 月 28 日。

有数百辆豪车，一次也只能坐一辆。

　　"贪如火，不遏则燎原；欲如水，不遏则滔天。"这句话出自《韩非子·六反》。贪念如同野火一样，如果不加以遏制就会形成燎原之势；欲望就好像江水一样，如果不加以遏制就会掀起滔天巨浪。

三

对"围猎"伎俩要保持高度警觉

俗话说"苍蝇不叮无缝的蛋"。年轻干部要防范被围猎，必须增强自身的免疫力，对"围猎"伎俩要保持高度警觉。要知道，天上掉馅饼之时，就是地上有陷阱之际；表面上一无所求的"馈赠"，背地里都是明码标价的利益。"围猎者"无论实施什么样的围猎伎俩，他们的目的都只有一个，就是想利用年轻干部手中掌握的权力为自己掠取利益。

（一）慎友，守住人际交往关

年轻干部要对"围猎"伎俩保持高度警觉，防止被围猎，首先必须"要守住交往关，交往必须有原则、有规矩，不断净化社交圈、生活圈、朋友圈"。这是习近平总书记在 2022 年春季学期中央党校 (国家行政学院) 中青年干部培训班开班式的讲话中对年轻干部提出的要求。

社会交往是年轻干部社会生活的重要内容，这很自然会形成"社交圈"。所谓社交圈，是你与其他人进行社会交往的一个范围。

年轻干部净化社交圈，需要辨识一些人与你交往的动机。

隋代的王通在《中说·礼乐》中云："以势交者，势倾则绝；以利交者，利穷则散。"王通的意思是说，因你的势力而与你交往的人，在你势力倾覆的时候，他就跟你断绝往来了；奔你的钱而来跟你交往的人，当你没有钱的时候，他就远离你了。

对那些奔着你的权势而来的人，年轻干部要有防范之心，越少来往越好，甚至不来往更好。

年轻干部净化社交圈，不仅需要辨识交往动机，还要防止那些三观不正、行为不端的人。"近朱者赤，近墨者黑。"那些三观不正、行为不端的人会拉低你的格局，甚至让你陷入低级趣味而不能自拔。

生活圈，是指八小时工作时间之外的交际圈。剖析一些年轻干部的腐败案例，许多都是跟"八小时之外"肆意妄为有着直接的关系。这些人离开了工作单位，没有组织和同事的监督，就放松了自己。也有一些围猎者正好抓住年轻干部八小时之外的"薄弱环节"，进行长期感情投资，设计"围猎"他们。

人在社会中生活，不能没有朋友。但交什么样的朋友，却对他的前途命运有着至关重要的影响。清朝重臣曾国藩认为："一生之成败，皆关乎朋友之贤否，不可不慎也。"

年轻干部净化朋友圈，交友必须谨慎。谨慎，就是说交友要有选择，该交的朋友交，不该交的朋友一定不能交。年轻干部在交朋友的时候，要警惕以下几种人：

第一，阿谀逢迎者。年轻干部与阿谀逢迎者交朋友，没有思想碰撞，只有阿谀逢迎之词。长此以往，年轻干部就会变得自负，缺少自知之明。而且经常阿谀逢迎你的人，也许就是在搞语言贿赂。他们用甜言蜜语来博得年轻干部的好感，把年轻干部捧得飘飘然，以小小的"语言投资"换取大大的"效益"，从而达到个人不可告人的目的。

第二，趋炎附势者。趋炎附势者，擅长巴结、追逐和依附有权有势的人。趋炎附势的目的，就是企图从中获利。他们与人交往的标准，就是一个"利"字。有"利"就趋之若鹜，无"利"就避而远之。这种人，年轻干部应该有多远就躲多远。

西汉文帝时有个官吏翟公，当他被委以廷尉（廷尉相当于现在的国家司法部部长）时，他家中每天宾客盈门；当他被贬时，他家则门可罗雀。等他官复原职，宾客又是盈门不绝。翟公感慨于此，在大门口张贴告示云："一死一生，乃知交情；一贫一富，乃知交态；一贵一贱，交情乃见。"这件事情在《史记·汲郑列传》中有记载。

纵观中外古今，凡趋炎附势者最不可靠。当你位高权重时，他们会众星捧月般地围着你又拍又捧；而一旦你失去高位重权，他们就会弃你而去，甚至还会踩你一脚。这就是"天下以势道交，君有势我则依君，君无势则去"。

第三，不忠不孝者。忠，就是忠诚，对党、对国家、对人民、对事业、对组织、对上级、对朋友、对伴侣等真心诚意、尽心尽力，没有二心。一个不忠诚的人，随时都会背叛朋友。跟这样的人交往，身边就是一颗定时炸弹。

孝，就是孝顺，对父母、对长辈尽心奉养。父母、长辈是至亲，有养育之恩。一个对父母不孝、对手足都不仁的人，他怎么会对你有友爱之心？

第四，道德缺失者。年轻干部应该具有高尚的道德，理想坚定，执政为民，清正廉洁，诚实守信。而那些道德缺失者，则反其道而行之。年轻干部千万不能跟这种人交朋为友。如果成为朋友，很可能被拉进深渊中。

年轻干部不妨审视一下自己的朋友圈，如果发现有这样的"朋友"，赶紧把这些人给净化掉。

（二）慎初，守住第一道防线

明朝人张瀚在他所撰写的《松窗梦雨》中，讲过这样一个故事：

张瀚初任右副都御史时，前去参见左都御史王廷相。王廷相给他讲了一则"乘轿见闻"。

王廷相说：我昨天乘轿进城，途中遇雨。有位轿夫穿着一双新鞋。开始时，他"择地而蹈"，害怕泥水弄脏了新鞋。后来，他一不小心踏进了泥坑，于是，就"不复顾惜"了。

讲完这段见闻之后，王廷相感慨地说："居身之道，亦犹是耳，倘一失足，将无所不至矣！"

张瀚说，他"退而佩服公言，终身不敢忘"。

很显然，王廷相是想用这个故事告诉张瀚，要"慎初"，否则，一失足就会滑向罪恶的深渊。

这个故事告诉年轻干部：一定要慎初，牢牢"守住第一道防线"，绝不能迈出危险的第一步。

万事皆有初。守不住第一道防线，将会毁其终生。贪官落马无不与最初的不慎有着直接的关系。正如北宋理学家、教育家程颐所说："一念之欲不能制，而祸流于滔天。"

年轻干部如果想为自己的人生画一个圆满的句号，必须"守住第一道防线"，不能迈出危险的第一步，一旦迈出了危险的第一步，就会"不复顾惜"，最终就不可能有善终。

请看浙江省宁波市镇海区蛟川街道（开发区）经济发展服务中心原副主任张裕，是怎样没有慎初而走向深渊的。

张裕28岁就被提拔为经济发展服务中心副主任，是当时"最年轻的街道中层干部"。

在单位，张裕主要负责管理辖区节能减排、生态环保、淘汰落后产能等工作，与制造企业尤其是环保工程公司打交道较多。

据他回忆，第一次"伸手"是一台苹果笔记本电脑的诱惑。当时，老板李某以出国为由主动帮忙代购。"代购"不过是个幌子，李某表示不需要支付购买费用，几番推脱之下，张裕便半推半就收下这份"礼物"。

伸了第一次手，就敢拿第二次、第三次。

促使张裕在堕落深渊中走得更远的，是一款网络游戏。当时，朋友圈子里流行玩网络游戏，张裕觉得新鲜，就跟着开了账号。为了不"落后于人"，张裕一有零星时间就拼命做"任务"，上班期间也偷偷玩两把，甚至连续半个月熬夜升级装备。因为水平一般，求胜心切的他开始直接买装备、刷等级。用他自己的话说，"网络游戏是虚拟的，闯关打怪的成就感却是真实的。"

但是，买装备的花费少则几百元，多则上千元，游戏的开销越来越大，张裕的工资收入开始不够用了。囊中羞涩时，张裕想到了那些"交好"的老板。于是，他先是以借为由，向环保工程公司老板郭某"借款"2万元。

从第一次收礼、第一次接受吃请，到第一次开口"借钱"，贪欲在张裕心中逐渐膨胀。辖区内一些环保工程公司老板以祝贺张裕结婚、买房为由送上礼金，以逢年过节为名送上红包，少则几千元，多则数万元。

为了排解收受贿款的压力，也为继续填补精神上的空虚，张裕长时间在虚拟世界里麻痹自己。最疯狂时，张裕单日充值就有5000多元；钱不够时，他又忍不住同老板进行权钱交易。

在这样的恶性循环中，短短两年时间，张裕累计在网络游戏中充值18万余元，这些钱几乎全部来自那些有求于他的老板。

"如果当初不玩网游、不攀比装备等级，如果第一次没有'伸手'，现在的我应该拥有截然不同的人生……"回想起自己的违纪违法历程，张裕掩面忏悔。①

"希望我的经历能给党员干部敲响警钟，我以自己的亲身忏悔劝告大家：平淡是真，无欲则刚。"这是张裕的忏悔，但世上没有后悔药，也没有"如果"，只有后果。后果就是"因犯受贿罪，年仅30岁的张裕被判处有期徒刑1年9个月，缓刑2年，并处罚金28万元"。

（三）慎微，勿以恶小而为之

"勿以善小而不为，勿以恶小而为之。"这句话是三国时期蜀汉开国皇帝刘备临终前给他的长子，也是皇位的继承者刘禅的遗言。

刘备用这句话告诉他的儿子刘禅为官做人的道理：不要因为好事小而不做，不要因为坏事小而去做。

刘备的这两句话，可谓是至理名言。集腋成裘，聚沙成塔。小善积多了，也能成为利天下的大善；而小恶做多了，也能成为毁天下的大恶。

----

① 李云舒、管筱璞：《沉迷网游、花钱"升级"，年仅30岁的年轻干部堕于"围猎"》，中央纪委国家监委网站，2021年4月7日。

年轻干部对"围猎"伎俩要保持高度警觉,需要时常想一想"勿以恶小而为之"这句话。

须知道,变质腐败的年轻干部,并非一开始就是腐败透顶,往往是逐步积累而成。因受贿罪被判处无期徒刑的河南省交通厅原党组书记、厅长石发亮,其罪行就是不断累积而成的。他曾经把有所企图腐蚀拉拢领导干部的行为概括为12个"一下",即"逢年过节看望一下,住院治病慰问一下,家人生日祝贺一下,出国考察支持一下,家有丧事凭吊一下,乔迁新居意思一下,孩子结婚(升学)表示一下,已提拔者感谢一下,想提拔者争取一下,关系好的加深一下,关系一般的亲近一下,暂无求者铺垫一下"。

北齐思想家刘昼说:"尺蚓穿堤,能漂一邑;寸烟继突,改灰千室。"小小的蚯蚓,能穿透河堤,于是,决堤的河水能淹没一邑;从烟囱里发散出来的丝丝烟尘,久而久之,就能把成百上千洁净的房屋污染。

古人云:"道自微而生,祸是微而成。"这句话的意思是说,凡事积微成著,细节决定成败。成就大业,必须从做好细微的小事入手;祸患的发生,常常是由于一些细小的失误积累而造成。

《淮南子·缪称》云:"积羽沉舟,群轻折轴,故君子禁于微。"羽毛很轻,但堆积起来,可以把船压沉;一群体重很轻的人,会把车轴压断。

由此而言,年轻干部对"围猎"伎俩要保持高度警觉,也需要重视和正确处置细微、细小的事情，真正做到见微知著、防微杜渐，从细微的小事防范做起。

"因为自己手中有了一点权力，企业老板都是千方百计、利用各种手段来讨好自己，接触多了时间久了，成了朋友，自己便慢慢放松警惕……久而久之，收受他们的礼品和好处费也觉得理所应当了。"这是广西壮族自治区贺州市平桂城市建设投资有限公司项目二部原经理曾繁贤忏悔书中的一段话。

"曾繁贤第一次受贿时只有 27 岁。入职国企重要岗位不到半年，管理服务对象唐某某便给了他 6 万元好处费。防线既破，从此一发不可收拾，2013 年至 2022 年，曾繁贤在担任平桂城市建设投资有限公司项目部职员、项目二部经理期间，先后 69 次收受管理服务对象送的香烟、白酒、茶叶、月饼等礼品及礼金、购物卡共计 8.7 万余元，甚至在被留置前的春节仍未停手。"①

曾繁贤就是被"香烟、白酒、茶叶、月饼"一点一点腐蚀掉的。

清朝康熙年间，素有天下第一清官的张清恪，因政绩卓著，被提拔为督抚。一时间门庭若市，拜谒者纷至沓来，携礼相访，张一一谢绝，分毫不纳。并手书一禁止馈送檄，张贴于堂上。其文如下："一丝一粒，我之名节，一厘一毫，民之脂膏。宽一分，民受赐不止一分；取一文，我为人不值一文。

---

① 李云舒：《早节不保难行远》，中央纪委国家监委网站，2023 年 6 月 25 日。

谁云交际之常，廉耻实伤，倘非不义之财，此物何来！"

此文现今读来，也令人心生敬意。

（四）慎独，台上台下一个样

慎独，是独处时要小心谨慎。"慎独"是中华民族传统的修身方式。《礼记》有云："莫见乎隐，莫显乎微，故君子慎其独也。"这句话的意思是说，隐蔽时也会被人发现，细微处也会昭著，因此君子在独处时要慎重。这是告诫人们，不要因为在别人看不到、听不到的地方就放松对自我的要求，也不要因为是细微的事情就不拘小节。

刘少奇同志在《论共产党员的修养》中将传统的"慎独"作为党性修养的有效形式加以倡导。他说："即使在他个人独立工作、无人监督、有做各种坏事的可能的时候，他能够'慎独'，不做任何坏事。"[1]

年轻干部要按照"慎独"的要求，不断加强自律，做到台上台下一个样，人前人后一个样，尤其是在私底下、无人时、细微处，更要如履薄冰、如临深渊，始终不放纵、不越轨、不逾矩。

郑培民之所以能成长为新时期党员领导干部的楷模，是与

---

[1]　刘少奇：《论共产党员的修养》（1939年7月），《刘少奇选集》上卷，人民出版社1981年12月版，第133页。

他长期自觉加强党性修养，持之以恒地坚持慎独自律分不开的。

郑培民十分注意慎独，尤其注意做到廉洁自律。无论是在何时何地何种情况下，郑培民都能坚守自己一尘不染的思想阵地，都能自己管住自己，努力在那些别人看不见的事情上做到固本守节，清正廉明。

郑培民上大学时，就养成了记日记的习惯。走上领导工作岗位后，他把这个一日三省其身的习惯细分为备忘录、工作笔记和日记。下面是他日记中的两段话：

"这次回湘潭度春节，我谢绝了办公室派车送我的盛情，同时谢绝了办公室要为我报销路费的好意。坚持自费返家，往返火车票近80元，自己掏腰包。有人讲我太板，我想，宁肯自己吃亏，对自己严格要求，是一个共产党员，特别是领导干部应当自觉做到的。"

"在吉首给两个孩子分别定做了一件羽绒上衣，这是我给孩子们买东西中最大的一次，计247.61元。不占企业的一点便宜。"

郑培民经常提醒自己：人要淡泊明志，清白做人；做人，职务越高，越要做一个真正的人；钱是身外之物，不能成为钱的俘虏，要做堂堂正正的人。

郑培民还非常注意在"微"处上下功夫，注意每一件细小的事情。如在中央党校学习时旅差费的活期利息8元多钱，他如数上缴；到党校讲课，他拒收讲课费；工作调离、女儿结婚、父母辞世时不搞吃请；对于老乡或老朋友的礼物，他都付款；他与一位双目失明的干部通电话，总是先等对方挂了电话，自己才放下电话；他因突发急性心肌梗塞赶往医院途中，还不忘叮嘱司机："别闯红灯"；等等。

从某种意义上讲，正是由于郑培民做到了慎独，他才成为老百姓的知心朋友，他才保持了共产党人的真正本色。[①]

2002 年，郑培民获"感动中国"人物，"感动中国 2002 年度人物"组委会给他的颁奖词是："他身居高位而心系百姓，他以'做官先做人，万事民为先'为自己的行为标准，直到生命的最后时刻仍然不忘自己曾经许下的诺言。他树立了一个共产党人的品德风范，他在人民心里树立起一座公正廉洁为民服务的丰碑。"2019 年 9 月 25 日，他被评选为"最美奋斗者"。

"千里之堤，毁于蚁穴。拒腐防贪之堤一旦被冲破，贪腐就会像洪水一样汹涌而入。防线最薄弱、最易被打开之时，往往就是在离群独处、无人监督的时候。我每次收受他人财物，都是独自一人在办公室或者家中之时。由此可见，慎独尤为重要。"[②] 这是江苏省建湖县农业委员会原副主任杨生高忏悔书中所写。

2018 年 4 月 13 日，建湖县法院以受贿罪判处杨生高有期徒刑二年，并处罚金 18 万元；以贪污罪判处其有期徒刑十个月，并处罚金 10 万元；数罪并罚，决定执行有期徒刑二年零三个月，并处罚金 28 万元。

---

① 资料来源：《党建研究》2004 年第 9 期。

② 曹大军：《不当攀比导致我产生廉洁吃亏的想法》，正义网，2018 年 11 月 13 日。

第四章

用远大理想
点亮精彩人生

理想，是对美好未来有根据、合理的设想，古人称之为『志』。我国自古以来就有重视理想的传统，认为『一息尚存，此志不容稍懈』，把理想与生命等同视之。中国共产党的最高理想和最终目标是实现共产主义，这也是人类历史上最崇高的社会理想和最伟大的目标。作为党的年轻干部要怀抱共产主义远大理想，这样才能点亮你的精彩人生。

矢志不渝地追求远大理想

　　人应该都是有理想追求的，但不同的人追求不同的理想。有的人立志升官发财，光宗耀祖，但党的年轻干部必须把共产主义远大理想作为人生的奋斗目标，并且要矢志不渝地去追求。中共中央印发的《党政领导干部选拔任用工作条例》第二章第七条明确规定，"具有共产主义远大理想和中国特色社会主义坚定信念"是选拔任用党政领导干部的基本条件之一。

（一）理想是永远不会熄灭的光

　　中国共产党在一百多年的历史中，为什么能遭遇各种挫折而不断奋起？为什么能历尽苦难而淬火成钢？就在于中国共产党有着共产主义理想这一远大目标的追求，而且始终坚定执着。

二万五千里长征的胜利，就是中国共产党人理想信念的胜利。红色经典史诗《长征组歌》以艺术的形式再现了长征途中艰难的历程。1965年，为纪念红军长征胜利30周年，曾参加过长征的中国人民解放军开国上将肖华回顾他在长征中的真实经历，历时半年，完成了12首形象鲜明、感情真挚的史诗——《长征组歌》。

"红军夜渡于都河，跨过五岭抢湘江。三十昼夜飞行军，突破四道封锁墙。不怕流血不怕苦，前仆后继杀虎狼。""风雨侵衣骨更硬，野菜充饥志越坚。官兵一致同甘苦，革命理想高于天。"

这些歌词真实地再现了长征途中中国共产党人是怎样在理想信念的激励下，下定决心，不怕牺牲，排除万难，奋勇前行的。

歌词中"抢湘江"虽然只有三个字，但这三个字的背后，却是血染湘江。国务院前副总理耿飚将军参加过湘江战役。他的女儿耿莹说："父亲是湖南人，很喜欢吃鱼，但是绝不吃湘江的鱼。为什么不吃湘江的鱼？因为湘江战役太惨烈了，多少战友的血都流在湘江，湘江的水都是红的。"

耿飚在回忆录中写道："尖峰岭失守，我们处于三面包围之中。敌人直接从我侧翼的公路上，以宽大正面展开突击。我团一营与敌人厮杀成一团，本来正在阵地中间的团指挥所，成了前沿。七八个敌兵利用一道土坎做掩体，直接窜到了指挥所前面，我组织团部人员猛甩手榴弹，打退一批又钻出一批。警卫员杨力一边用身体护住我，一边向敌人射击，连声叫我快走。我大喊一声：'拿马刀来！'率领他们扑过去格斗。收拾完这股敌人（约一个排）后，我的全身完全成了血浆，血腥味使我不停地干呕。"[1]

二万五千里长征路，血战湘江，四渡赤水，巧渡金沙江，强渡大渡河，飞夺泸定桥，鏖战独树镇，勇克包座，转战乌蒙山，击退上百万穷凶极恶的追兵阻敌，征服空气稀薄的冰山雪岭，穿越渺无人烟的沼泽草地，在红一方面军二万五千里的征途上，平均每300米就有一名红军战士牺牲。

湘江战役的惨烈程度、长征途中的凶险艰难，由此可见一斑。但就是在这样异常艰难险阻下，"红军不怕远征难，万水千山只等闲。五岭逶迤腾细浪，乌蒙磅礴走泥丸。"这是因为"革命理想高于天"。

美国著名作家斯特兹·特克尔，在他所著的《梦寐以求的希望之乡》中说："我仍然相信，理想能够拯救世界，只有在人们不再怀抱理想的时候，灾难才会降临。"

纵观那些落马的年轻干部，其落马的主要根源就在于理想信念丧失。

伟大理想是一种特殊阳光，是人生航船的特殊罗盘，是永远不会熄灭的光明。丧失伟大理想，人生将会一片昏暗，前途

---

[1] 《耿飚之女耿莹：父亲不愿回忆湘江战役不吃湘江鱼》，人民网－中国共产党新闻网，2016年12月13日。

就会有如风前的蜡烛，随时会被吹灭。"理想是石，敲出星星之火；理想是火，点燃熄灭的灯；理想是灯，照亮夜行的路；理想是路，引你走到黎明；……理想是罗盘，给船舶导引方向；理想是船舶，载着你出海远行……"这是著名诗人流沙河在《理想》一诗中的文字。

伟大理想不是从温床中形成的，而是在斗争实践中砥砺磨炼而成。"刀在石上磨，人在事上练。"越是困难大、矛盾多的地方，越是形势严峻、情况复杂的时候，越能练胆魄、磨意志、长才干，越能坚定理想信念。

（二）坚信远大理想必定能实现

孙中山先生在《建国方略·自序》中说过这样一段话："吾心信其可行，则移山填海之难，终有成功之日；吾心信其不可行，则反掌折枝之易，亦无收效之期也。心之为用大矣哉！夫心也者，万事之本源也。"

孙中山先生这段话的意思是说，如果我的内心坚信这件事情可行，即使有移山填海之困难，终究会有成功之日；如果我的内心不相信这件事情可行，就是翻转手掌折断树枝那么容易的事情，最终也是没有任何成效的。信心的作用非常大呀！信心，是万事成功之本源。

孙中山先生的这段话说得非常精辟。新时代的年轻干部要矢志不渝地为推进共产主义理想的实现而奋斗，就要抱有共产主义理想必定能实现的坚定信心。有了这种坚定的信心，年轻干部就不会为任何困难所吓倒，就不会为任何挫折所挫败。即使是危及自身的生命，也不会动摇自己的理想信念。

李大钊（1889年10月29日—1927年4月28日），是中国共产党的创始人之一。1920年他和陈独秀酝酿组建中国共产党，发起组织马克思学说研究会。同年10月，他和邓中夏、高君宇、何孟雄等一同建立北京共产主义小组。中国共产党建立后，他任二、三、四届中央委员。

1927年4月6日，李大钊不幸被奉系军阀逮捕。在狱中，他受尽了敌人的严刑拷打，但他始终坚贞不屈。4月28日，敌人决定对他处以绞刑。面对敌人的绞刑架，李大钊高昂着革命的头颅，大义凛然地发表了最后一次演说："不能因为你们今天绞死了我，就绞死了伟大的共产主义！我们已经培养了很多同志，如同红花的种子，撒遍各地！我们深信，共产主义在世界、在中国，必然要得到光荣的胜利。"李大钊牺牲时，年仅38岁。

在李大钊的心目中，共产主义的理想是永恒的，是必定能实现的。敌人可以消灭共产党人的肉体，却无法消灭共产党人的理想信念。正是这种坚定的理想信念，鼓舞着无数共产党人前赴后继，为中国人民的解放事业而不懈奋斗，直至用他们宝贵的生命去殉共产主义的伟大事业。

牺牲在重庆解放前夕的江竹筠（1920年8月20日—1949年11月14日）烈士也是如此。

1948 年 6 月 14 日，由于叛徒出卖，江竹筠不幸在重庆万县被捕。在监狱里，国民党军统特务对江竹筠使用了大量的酷刑。吊索、带刺的钢鞭、撬杠、电刑……甚至把竹签钉进她的十指，但她坚贞不屈。

1949 年 8 月 26 日，江竹筠将吃饭时偷偷藏起来的筷子磨成竹签，蘸着由烂棉絮烧成灰与水调和在一起制成的墨水，在毛边纸上写下了一封致谭竹安的信。信中写道：

"假若不幸的话，云儿就送你了，盼教以踏着父母之足迹，以建设新中国为志，为共产主义革命事业奋（斗）到底。

"孩子们决不要骄（娇）养，粗服淡饭足矣。么（幺）姐是否仍在重庆？若在，云儿可以不必送托儿所，可节省一笔费用。你以为如何？就这样吧。愿我们早日见面。握别。愿你们都健康。"

信写好后，江竹筠通过争取过来的看守黄茂才，悄悄把信带出了监狱，辗转交给了谭竹安。没想到，这封信成了江竹筠留给亲人的绝笔。

1949 年 11 月 14 日，江竹筠在重庆军统集中营电台岚垭英勇就义，时年 29 岁。

江竹筠的遗书表达了她对共产主义理想的矢志不渝追求，即便是自己牺牲了，也期待着儿子立志为共产主义理想而奋斗。

（三）追求远大理想要矢志不渝

共产主义理想是崇高而远大的。这一理想的实现，需要坚持不懈、矢志不渝地奋斗，并把她作为终身的奋斗目标。"勇往奋进以赴之""瘅精瘁力以成之""断头流血以从之"。

新文化运动的先驱者、中国革命文艺的奠基人沈雁冰（1896年7月4日—1981年3月27日）就是一位矢志不渝地追求共产主义理想的革命者。

沈雁冰，笔名茅盾。他于1921年在上海加入中国共产党，是我党最早的一批党员之一。他入党之后，就担任中共上海区（兼地方）执行委员会委员，他除了负责与国民党合作，发动社会各阶层进步力量参加革命等统战工作外，还承担着商务印书馆编译所的相关工作。这段时间的工作，用沈雁冰自己的话来说："过去白天搞文字，现在却连白天都要搞政治了。"

1927年大革命失败后，他遭到蒋介石的通缉，并与党失去了组织上的关系。1928年，他东渡日本。归国后，他曾两次向党组织提出申请，要求恢复组织生活。但是因为工作的需要，他的申请没有得到组织的批准。

中华人民共和国成立后，为了不分享荣誉，他把要求恢复党籍这个意愿埋藏在心底，但却殚精竭虑地为党工作，并出任第一任文化部部长。

1981年3月14日，躺在医院病床上的沈雁冰意识到死神在向他逼近。他艰难地坐起来，给党中央写了一封信。

耀邦同志暨中共中央：

亲爱的同志们，我自知病将不起，在这最后的时刻，我的心向着你们。为了共产主义的理想我追求和奋斗了一生，我请求中央在我死后，以党员的标准严格审查我一生的所作所为，功过是非。如蒙追认为光荣的中国共产党员，这将是我一生最大的荣耀。

1981 年 3 月 31 日，中共中央批准了他的请求，党龄从 1921 年算起。

树立理想容易，但要树立至死不变的理想，却不是每一个人都能做到的。沈雁冰同志为新时代的年轻干部树立了很好的榜样。从他的行为中，我们看到，一个人如果有了这种至死不变的共产主义理想，就会在危难时刻奋勇争先，在名誉面前退让再三，就会在工作中殚精竭虑，自觉自愿地为党和人民的事业奉献出一切。沈雁冰在临终前，将 25 万元稿费捐出设立了茅盾文学奖，以鼓励当代优秀长篇小说的创作。

二

为远大理想的实现"起来行"

共产主义理想是远大而崇高的，这种远大而崇高的理想要靠奋斗才能实现，坐而论道是实现不了的。对此，早在1922年周恩来同志就有着非常清醒的认识。当年3月，他在马克思的故乡给国内觉悟社社员的信中宣告："我认的主义一定是不变了，并且很坚决地要为它宣传奔走。"信中还附着一首诗，其中写道：

没有耕耘，哪来收获？没播革命的种子，却盼共产花开！梦想赤色的旗儿飞扬，却不用血来染他，天下哪有这类便宜事？坐着谈，何如起来行！

"坐着谈，何如起来行！"这句话说得非常精辟。共产主义理想的实现，是需要一代一代共产党人"起来行"的。年轻干部怎样"起来行"?

（一）平常时候要能看得出来

新时代的年轻干部为共产主义理想"起来行"，就要在日常的工作、学习和社会生活中严格要求自己，从日常小事做起，从平凡的工作做起，从一点一滴做起，处处率先垂范，事事以身作则。有一分热，发一分光。曾经被评为 2010 十大感动中国人物之一的郭明义，用他的言行诠释了什么是平常时候能看得出来。

1980 年 6 月 12 日，郭明义光荣地加入了中国共产党。从入党的那一刻起，郭明义就告诉自己：是共产党员，就要做出样子来。党让我干什么，我就干什么。不论任务有多重、条件有多艰苦、困难有多大，我都要努力干好。

郭明义是这样想的，也是这样做的。入党 40 多年来，他时时处处发挥先锋模范作用，在每一个工作岗位上都取得了突出的业绩。

郭明义曾经当过兵，他所在的部队位于黑龙江省牡丹江市海林县，当地天气非常寒冷。他的战友回忆说，每天早上，郭明义都是第一个起床，冒着严寒外出挑水。由于地面上结冰使脚下打滑，扁担上的水桶不时摆动溅出水来洒在衣服上结成冰，挑水回来时他的身上经常挂着冰块，对此，他不叫一声苦，不喊一声累。挑满水缸后，他又忙着砍柴、生炉子、烧水，只为了能让战友们起床后马上就用上热水。在自己班里忙完了，他又到别的班去做这些事，常常是全排的这些杂事都叫他一个人包了。

郭明义还经常主动地替身体不舒服的战友站哨，每次查哨看到他时，问他："你又替谁站哨了？"他只是笑笑敬个礼。他经常起早清扫室内外卫生，特别冬天下雪，他起得更早，如果是小雪有时起床号吹响他已扫完，大雪他也能扫、堆一两个班的分担区。

他经常帮出车的战友洗衣服、做被子，战友出车回来问是谁干的，他从不作声。时间久了不问也知道是他。[①]

"时间久了不问也知道是他"，这就是平常时候能看得出来。

（二）关键时刻要能站得出来

新时代的年轻干部为共产主义理想"起来行"，就要在困难的时刻，能迎着困难上，在党和人民需要的时候能勇挑重担。陕西省铜川市印台区红土镇惠家沟村原党支部书记郭秀明就是这样的典范。

郭秀明是 1991 年 11 月 8 日被选为村党支部书记的。在他担任村支书之前，他家的日子过得相当殷实富足。因为他是方

---

① 《郭明义在部队——助人为乐的优秀战士（三）》，中国共产党新闻网，2010 年 09 月 15 日。

圆数十里有名的医生。靠行医，他家盖起了4间正房和两间厦房，还添置了电视机。这种日子着实让乡亲们羡慕。

然而，当时惠家沟村的整体情况又是如何呢？全村人均收入仅298元。有个顺口溜很能概括村里的情况："惠家沟，沟连坡，出门就爬坡，人穷光棍多"。

郭秀明能放弃他那赚钱的行当，舍弃他那殷实的生活，来当这个穷村的书记吗？人们不禁有些担心。虽然他们知道郭秀明为人正直、热情，能干、肯吃苦，愿意为大家做事。但是，要知道，当了穷村的书记就意味着不仅要跟群众一道吃苦，还要带头吃苦。

郭秀明自然清楚这一点。但是，他更清楚，作为共产党员，必须知难而上。全心全意地为人民服务，为共产主义奋斗终身不能只停留在口头上，要落实到实践中。于是，他欣然受命。

上任伊始，郭秀明就将村民们拖欠的1700元的医药费欠条当众烧毁，并向村民们表示，要带领全村共同富裕。

如何富裕？郭秀明与其他村干部一道，讨论了惠家沟的实际情况，确定了送贫穷、迎富裕的目标工程。

郭秀明上任的第三天清晨，一支由16名党员、22名团员组成的植树大军就带着水壶干粮上山了。惠家沟送贫穷、迎富裕工程由此拉开了序幕。

在5年的时间里，郭秀明带领惠家沟人共营造用材林1700余亩，经济林650余亩，使宜林荒山绿化率达到了100%。1996年3月，惠家沟村被国家绿化委员会命名为"全国绿化千家村"，郭秀明也被评为三北防护林建设先进个人。

1998 年秋冬，惠家沟流域治理工程正在如火如荼地进行，但郭秀明的身体却出现了大问题。经陕西省肿瘤医院确诊，他患了食道癌，而且已是晚期。

面对死神，郭秀明很坦然："人早晚都要从黑烟筒里过一下（指火化），活得再长，如果不给老百姓带来利益，那也是枉活一世。"

郭秀明虽然身在医院，心却在村里。他太放不下村里的工作了，以至于在他住院的 63 天里，竟回村 20 多天。后来，他索性不住院了，回村继续工作，任谁劝也不听。他说，我知道我的时间不多了，我要用这有限的时间为惠家沟多办点事。

尽管郭秀明以顽强的毅力同时间赛跑，与病魔搏斗，但苍天无情，死神还是降临到了他的头上。1999 年 12 月 20 日，他在西安猝然长逝，年仅 49 岁。

噩耗传来，惠家沟村的干部群众痛哭失声："郭书记，您是为我们活活累死的呀！"

1999 年 12 月 23 日，惠家沟村的村民为他们的好书记举行了空前规模的葬礼，全村男女老少都来给他送行。村民们还自发地凑钱，在村头为他们的好书记立下了"功德碑"。

郭秀明无愧于村民们为他树立的"功德碑"。因为他全心全意地为人民服务，真心实意地为老百姓办事。他的心里只有人民的利益而从来不考虑自己，在党和人民需要的时候能勇挑重担。

（三）危难关头要能豁得出来

新时代的年轻干部为共产主义理想"起来行"，就要在危险面前毫不畏惧，为了保护国家和人民的利益，英勇斗争，不怕牺牲。

2021年6月29日获得"七一勋章"的陈红军，就是为了保护国家和人民的利益，英勇斗争、不怕牺牲者。陈红军坚守高原边防10年，带领官兵完成各种急难险重任务。2020年6月15日，他奉命带队前往一线紧急支援，在同外军战斗中，英勇作战、誓死不屈，为捍卫祖国领土主权、维护国家核心利益壮烈牺牲，年仅33岁。

习近平总书记指出："今天，衡量一名共产党员、一名领导干部是否具有共产主义远大理想，是有客观标准的，那就要看他能否坚持全心全意为人民服务的根本宗旨，能否吃苦在前、享受在后，能否勤奋工作、廉洁奉公，能否为理想而奋不顾身去拼搏、去奋斗、去献出自己的全部精力乃至生命。"①

---

① 习近平：《2013年1月5日，在新进中央委员会的委员、候补委员学习贯彻党的十八大精神研讨班上的讲话》，人民网－中国共产党新闻网，2019年6月28日。

三

能在本职工作中坚定理想

在革命战争年代，共产主义理想信念的坚定性，可以体现在抛头颅洒热血上；在和平的新时代，年轻干部共产主义远大理想的坚定性要体现在做好本职工作的过程中。

（一）把远大的理想和实际工作统一起来

刘少奇同志在《论共产党员的修养》中曾经指出："我们共产党员，要有最伟大的理想、最伟大的奋斗目标，同时，又要有实事求是的精神和最切实的实际工作。这是我们共产党员的特点。如果只有伟大而高尚的理想，而没有实事求是的精神和切实的实际工作，那就不是一个好共产党员，那只能是空想家、空谈家或学究。相反，如果只有实际工作，没有伟大而高尚的共产主义理想，那也不是好共产党员，而是庸庸碌碌的事务主义者。只有把伟大而高尚的共产主义理想和切实的实际工作、实事求是的精神统一起来，才能成为一个好的共产党员。"[1]

新时代的年轻干部要茁壮成长，必须把伟大而崇高的共产主义理想和切实的实际工作、实事求是的精神统一起来。"不积跬步，无以至千里。"远大而崇高理想的实现，需要脚踏实地不断努力，需要在实际的工作岗位上把应该承担的工作任务完成好。

四川省巴中市南江县委原常委、纪委原书记王瑛用她的行动给出了答案。这就是把共产主义远大理想的坚定性体现在做好本职工作的过程中。

王瑛(1961年11月—2008年11月27日)出生于四川省阿坝州小金县。她曾经担任过南江县委常委、组织部部长、南江县委常委、纪委书记，不管是做组织工作还是做纪检工作，她都是脚踏实地，忠诚履职。

2001年3月，王瑛担任了南江县委常委、组织部部长。她主持全县组织工作不到一个月，南江县开始了撤区并乡工作。"撤区并乡"是一项新的机构改革措施，这项改革措施既关系到撤区并乡的改革能否成功顺利推进，也涉及南江县2000多名干部的前程和去留问题，稍有不慎，就会影响社会的稳定。

① 《论共产党员的修养》(1939年7月)，《刘少奇选集》上卷，人民出版社1981年版，第128—129页。

王瑛深感肩上担子的沉重。她用一个多月的时间深入到全县 40 多个乡镇，白天调查了解情况，晚上又与同事一起加班研究对策。由于过度劳累，一天晚上，她回家后在浴室里摔倒了，头碰到门框上摔破了。她打电话让司机小谭送她到医院，医生在伤口处缝了八针，凌晨三点她才回到家中。她叮嘱小谭不要告诉县委组织部的同事。第二天早上，王瑛准时出现在了办公室。

2003 年 5 月，王瑛担任南江县纪委书记期间，她指挥调查一起重大案件。在办案的过程中，各种阻力接踵而至。有人甚至扬言："敢查这个案子，你几爷子是不想活了。"王瑛没有被吓倒，她鼓励办案人员："自古邪不压正，只要我们坚持一查到底，真相终将大白于天下。"

王瑛亲自跟主要涉案人员进行谈话，相继突破 3 个关键人物，使案件查办取得实质性进展。经过两个多月的奋战，这起重大案件得以结案，10 个违纪违法者受到应有的法律制裁和党政纪处分。

（二）在各项实际工作中要努力争做表率

年轻干部在本职工作中坚定理想，还必须在各项工作中争做表率，在工作中责无旁贷地"争先恐后""率先垂范""领先在前"。

年轻干部在困难、危险面前，不要喊"给我上"，而要喊

"跟我来";不要说"我不行",而要说"我能干"。因公牺牲的熊丽就是这样的年轻干部。

2023 年 7 月 31 日上午,北京市门头沟区王平镇色树坟村出现短时强降雨,瞬时降雨量达到全区最强。"山洪迅速围困了村庄,部分老旧危房周边出现险情,包村干部熊丽没有丝毫犹豫,主动请缨,与其他村干部共同前往险情地点勘察,转移群众。途中,铁道路基护墙突发坍塌,熊丽不幸被掩埋,因公牺牲。"①

"我是包村干部,我得去!"这是熊丽生前留下的最后一句话。

熊丽的生命定格在 36 岁,她用短暂而宝贵的生命诠释了坚定的理想信念。

(三)锻造与远大理想相匹配的政治品质

新时代的年轻干部要矢志不渝地为推进远大崇高理想的实现而奋斗,成为优秀的年轻干部,还必须坚守共产党人的精神高地,锻造与崇高而远大理想相匹配的政治品质。

所谓政治品质,是一个人在政治上的品行操守。年轻干部作为党和政府的执政骨干,必须具有优良的政治品质。有了优良的政治品质,才能在大是大非问题上明辨是非、立场坚定,

---

① 《熊丽生前留下的话让人泪目:我是包村干部,我得去》,央视新闻,2023 年 8 月 8 日。

才能在错综复杂的矛盾和形势面前坚持原则、旗帜鲜明，才能为实现共产主义远大理想而不懈奋斗。

年轻干部优良的政治品质由诸多要素综合形成，而政治忠诚则是一个首要的要素。年轻干部的政治忠诚不是抽象的而是具体的，必须体现到对党的信仰的忠诚上，必须体现到对党组织的忠诚上，必须体现到对党的理论和路线方针政策的忠诚上，必须体现到对人民的忠诚上。

对党的信仰忠诚。马克思主义是共产党人的坚定信仰。习近平总书记指出："无论是处于顺境还是逆境，我们党从未动摇对马克思主义的信仰"，"背离或放弃马克思主义，我们党就会失去灵魂、迷失方向。在坚持马克思主义指导地位这一根本问题上，我们必须坚定不移，任何时候任何情况下都不能有丝毫动摇"。①

年轻干部一定要保持对党的信仰的忠诚，不论时代如何变化，不论条件如何变化，都要做到风雨如磐不动摇。

对党的组织忠诚。办好中国的事情，关键在党。中国特色社会主义最本质的特征是中国共产党领导，中国特色社会主义制度的最大优势是中国共产党领导，中国共产党是最高政治领导力量，坚持党中央集中统一领导是最高政治原则。坚持和完善党的领导，是党和国家的根本所在、命脉所在，是全国各族人民的利益所在、幸福所在。为此，年轻干部一定要对党的

---

① 习近平：《在庆祝中国共产党成立 95 周年大会上的讲话》，人民网，2016 年 7 月 2 日。

组织保持忠诚。

对党的组织忠诚，核心要义是坚决维护党中央权威，保证全党令行禁止，做到"两个维护"，这是党和国家前途命运所系，是全国各族人民根本利益所在。

对党的理论和路线方针政策忠诚。党的理论和路线方针政策是推动党和国家各项事业发展的根本遵循。

中国共产党是中国特色社会主义事业的领导核心，代表中国先进生产力的发展要求，代表中国先进文化的前进方向，代表中国最广大人民的根本利益。如何领导？如何代表？党的理论和路线方针政策就是具体的领导、代表方略。

年轻干部对党的理论和路线方针政策忠诚，就要认真学习深刻领会党的理论和路线方针政策，就要坚定不移贯彻落实执行党的理论和路线方针政策。

对人民的忠诚。年轻干部对人民忠诚，就是要始终把人民放在心中最高的位置，始终全心全意为人民服务，始终为人民利益和幸福而努力工作。想问题、办事情、做决策要始终站在人民的立场上。

习近平总书记在党的十九大报告中指出："人民是历史的创造者，是决定党和国家前途命运的根本力量。必须坚持人民主体地位，坚持立党为公、执政为民，践行全心全意为人民服务的根本宗旨，把党的群众路线贯彻到治国理政全部活动之中，把人民对美好生活的向往作为奋斗目标，依靠人民创造历史伟业。"①

把人民对美好生活的向往作为奋斗目标，要求年轻干部始终为人民利益和幸福而努力工作。为人民利益和幸福而努力工作，就要着力解决群众的操心事、烦心事，为民谋利、为民尽责。被追授"八桂楷模"荣誉称号的广西扶贫女书记黄文秀就是这样的一位年轻干部。

黄文秀 1989 年 4 月 18 日出生在广西壮族自治区田阳县巴别乡德爱村多柳屯，2016 年她从北京师范大学研究生毕业，报名考取选调生，回到家乡，成为百色市委宣传部的一名干部。2018 年 3 月 26 日，黄文秀响应号召来到百色市乐业县百坭村担任驻村第一书记。2019 年 6 月 17 日凌晨，黄文秀从百色返回乐业途中遭遇山洪因公殉职，她 30 岁的年轻生命永远定格在扶贫路上。

"为了做好扶贫工作，文秀在她的驻村日记里亲手绘制了百坭村的地形图，并且在上面标注了所有贫困户户主的名字，做到心中有数。经过一年的努力，文秀从扶贫新手变成了行家里手。黄文秀出任百坭村第一书记时，百坭村的贫困发生率为 22.88%。经过努力，村里共有 88 户贫困户脱贫。"②

2019 年 7 月 1 日，中宣部追授黄文秀"时代楷模"称号；

---

① 习近平：《决胜全面建成小康社会夺取新时代中国特色社会主义伟大胜利——在中国共产党第十九次全国代表大会上的报告》（2017 年 10 月 18 日），新华网，2017 年 10 月 27 日。

② 陈秋霞：《广西扶贫女书记黄文秀被追授"八桂楷模"荣誉称号》，中国新闻网，2019 年 06 月 24 日。

7月17日，中华全国总工会授黄文秀同志全国五一劳动奖章；9月，黄文秀荣获第七届全国道德模范"全国敬业奉献模范"；9月25日，黄文秀被授予"最美奋斗者"荣誉称号。10月，黄文秀被追授"全国优秀共产党员"称号。

习近平总书记还对黄文秀先进事迹作出重要指示。他强调："黄文秀同志研究生毕业后，放弃大城市的工作机会，毅然回到家乡，在脱贫攻坚第一线倾情投入、奉献自我，用美好青春诠释了共产党人的初心使命，谱写了新时代的青春之歌。广大党员干部和青年同志要以黄文秀同志为榜样，不忘初心、牢记使命，勇于担当、甘于奉献，在新时代的长征路上做出新的更大贡献。"①

黄文秀同志是年轻干部为人民谋利益的榜样，她不愧为这些荣誉称号。年轻干部要向黄文秀同志学习，为人民的利益奉献自我，并响应习近平总书记的号召，"不忘初心、牢记使命，勇于担当、甘于奉献，在新时代的长征路上做出新的更大贡献"。

古今中外，人们对忠诚向来是推崇备至，认为它是做人的根基，是生命不可缺少的元素。我国清代的魏裔介说："忠诚敦厚，人之根基也。"苏联著名作家费定说："忠诚好比呼吸。它要是发生摇动，你就会立刻窒息。"中外名人的话虽然表达形式不同，但意思却是相同的，忠诚胜过智慧，是一个人的安身立命之本。

作为党的年轻干部，没有工作能力肯定不行，但是，仅有

---

① 《习近平对黄文秀同志先进事迹作出重要指示》，新华网，2019年7月1日。

工作能力是不够的，有能力还必须有政治忠诚。如果没有政治忠诚，他的工作能力再强，也是不能把自己的工作能力真正地用到党和人民的事业上的，甚至还会损害党和人民的利益。

第五章

要扣好人生的

第一粒扣子

为什么年轻干部在同样的制度体制下工作、生活，有的年轻干部清正廉洁，无私奉献，有的年轻干部却以权谋私，贪污受贿，原因到底在哪里？一个重要的原因在于人生的第一粒扣子扣得是否正确。如果人生第一粒扣子扣错了位置，价值观扭曲、权力观错位、政绩观错误，必定会『早节不保』。因此，年轻干部必须树立正确的价值观、权力观和政绩观，把第一粒扣子扣正确。

正确的价值观是年轻干部的向导

价值观是人的一种内心尺度，对人生道路的选择具有重要的导向作用。一个人走什么样的人生道路，选择什么样的生活方式，选择什么样的工作态度，选择什么样的做事方法，都是在一定的价值观的指导下进行的。换一句话讲，价值观决定人的价值取向，决定人实现价值的行为方式。所以，习近平总书记在多个场合强调要求年轻干部要树立正确的价值观。

（一）价值观决定一个人的人生轨迹走向

年轻干部正确的价值观，是以全心全意为人民服务为核心，以"利他奉献"为原则；要追求的是人民的幸福，谋取的是人民的利益，而不是自己的锦衣美食，自己的富贵享乐；要为了人民的利益，自己甘愿吃苦受累，宁愿贫穷艰辛；要执政为民，利他奉献，先天下之忧而忧，后天下之乐而乐。请看革命烈士方志敏的价值追求。

方志敏（1899 年 8 月 21 日—1935 年 8 月 6 日），是江西省上饶市弋阳县人。先后担任赣东北省、闽浙赣省苏维埃政府主席，红 10 军、红 11 军政治委员，中共闽浙赣省委书记。

1935 年 1 月 27 日，方志敏因为叛徒出卖而被捕。被捕时，两个国民党士兵搜遍了他的全身，除了一块手表和一支钢笔，只有两个铜板。

敌兵不相信，堂堂的共产党领导人物，竟然如此穷酸。在狱中，面对敌人的严刑和诱降，他正气凛然，坚贞不屈，最后英勇就义。

方志敏作为共产党领导人物，为什么竟然如此穷酸？他的这段话给出了答案："为着阶级和民族的解放，为着党的事业的成功，我毫不希罕那华丽的大厦，却宁愿居住在卑陋潮湿的茅棚；不希罕美味的西餐大菜，宁愿吞嚼刺口的苞粟和菜根；不希罕舒服柔软的钢丝床，宁愿睡在猪栏狗巢似的住所！不希罕闲逸，宁愿一天做十六点钟工的劳苦！"

方志敏为什么宁愿居住在卑陋潮湿的茅棚，毫不希罕那华丽的大厦？宁愿吞嚼刺口的苞粟和菜根，而不希罕美味的西餐大菜？因为他的价值观是"为着阶级和民族的解放，为着党的事业的成功"。

一个人如果把贪图享乐作为价值追求，他就会不择手段地攫取钱财。

价值观影响着一个人对事物的认识和评价，对人生道路的选择起着重要的导向作用，会决定一个人人生轨迹的走向。年轻干部必须对此有着清醒的认识。

2014 年 5 月 4 日，习近平总书记来到北京大学考察，参加师生纪念五四运动 95 周年青春诗会，并在英杰交流中心与师生座谈。在座谈讲话中，习近平总书记强调："青年的价值取向决定了未来整个社会的价值取向，而青年又处在价值观形成和确立的时期，抓好这一时期的价值观养成十分重要。这就像穿衣服扣扣子一样，如果第一粒扣子扣错了，剩余的扣子都会扣错。人生的扣子从一开始就要扣好。"

年轻干部扣好了价值观这粒扣子，在社会万象、人生历程中，一切是非、正误、主次，一切真假、善恶、美丑，都会洞若观火，清澈明了，自然就能作出正确判断、作出正确选择。

（二）树立全心全意为人民服务的价值观

习近平总书记在中共中央党校 2008 年秋季学期开学典礼上的重要讲话中指出："必须坚持立党为公、执政为民，把实现好、维护好、发展好最广大人民的根本利益作为党的核心价值，始终保持党同人民群众的血肉联系。"显而易见，中国共产党的核心价值就是立党为公、执政为民，实现好、维护好、发展好最广大人民的根本利益。这就要求年轻干部要树立全心全意为人民服务的价值观。

年轻干部树立了全心全意为人民服务的价值观，心中就会始终装着人民。心中有人民，才能为人民着想，才能全心全意为人民服务。共产主义战士雷锋，就是一位树立了全心全意为人民服务价值观的典范。

毛泽东同志一生只给两位战士题过词。一位是面对敌人的铡刀毫不畏惧、英勇就义的刘胡兰，另一位便是雷锋。1963年3月5日，毛泽东亲笔写下了"向雷锋同志学习"这七个闪光的大字。

为什么一位普通的战士，能受到中华人民共和国主席的关注？为什么一个只有22年短暂生命的普通士兵，他的名字能够在历史的发展中永远闪光，他的精神能够激励着几代人的健康成长？追溯往事，我们便能找到清晰的答案。

1940年12月18日，雷锋出生在湖南省望城县一个贫苦农民的家庭。他出生后不久，父亲便被日寇毒打致死，母亲因为无法忍受生活的磨难，含恨自尽，6岁的雷锋便成了孤儿。

新中国成立后，乡政府免费送雷锋上学读书。1956年7月，雷锋以优异的成绩读完了高小。高小毕业后，雷锋被调到县委当了通讯员，后又到团山湖农场做了拖拉机手。在此期间，雷锋3次被评为模范工作者。

1958年11月15日，雷锋来到辽宁鞍山钢铁厂工作。雷锋到鞍山钢铁厂后，分配给老推土机手李长义当徒弟。看看矮小瘦弱的徒弟，再看看体大个高的推土机，李长义满脸疑惑：他能吃得消？后来，李长义不由得对这小徒弟刮目相看了。

深冬的东北，寒冷异常。但这位南方来的小伙子根本不怕冷。不论是早晨还是晚上，不管是风里还是雪里，尽管他脸冻得发紫，手冻得像小胡萝卜，他也不喊一声冷，始终刻苦地跟着师傅钻研技术。

雷锋不仅工作认真，还特别关心工厂。一天晚上，突然下起了大雨。已经躺在床上的雷锋想起了工地上还有7000多袋水泥没有遮盖，便立即从床上爬起来，边喊边冲进雨中，找来苇席苫布遮盖水泥。当他看到苇席苫布不够用时，竟将自己的棉被抱了来。

雷锋在鞍山钢铁厂工作的时间虽然不长，但他却3次被评为"先进生产者"，5次被评为"车间红旗手"，3次被评为"节约能手"，并荣获了"鞍山市青年社会主义建设积极分子"的光荣称号。

1960年1月，雷锋光荣地加入了中国人民解放军，来到沈阳军区工程兵某团运输连当了一名汽车驾驶员。参军后的雷锋，更是把自己的一腔热血献给了人民，把自己有限的生命投入到无限的为人民服务之中。在工作上，他向积极性最高的同志看齐；在生活上，他向水平最低的同志看齐。他认为，要改变祖国一穷二白的面貌，必须发愤图强、艰苦奋斗。他自觉坚持从自身做起，从生活中的一点一滴做起。

部队每年给战士发两套军装，雷锋总是领一套，另一套交还给国家；他穿的一双袜子，补了一层又一层，已变成一双"千层底"的袜子；他还做了一个"节约箱"，将平时捡到的废铜烂铁、螺丝钉、牙膏皮等装在里面，能用的就用，不能用的就卖给收购站，然后将钱交公。

雷锋在生活上对自己要求十分苛刻，但他对别人、对集体、对国家却非常慷慨。他把自己积攒下来的每一分钱都用到了他人的身上。

1960年夏，抚顺市望花区人民公社成立。雷锋听到消息，马上把自己积攒的200元钱拿出来，捐献给公社。公社的同志不收，说："把钱寄给你的亲人吧！"雷锋含着眼泪说："我是孤儿，党和人民就是我的亲人。"公社的同志见此情形，只好收下100元钱。后来，雷锋听说辽阳地区受灾，他立即将那100元钱寄了去。

有人对雷锋的行为不理解，说他这样做是"傻子"。而雷锋却甘愿做这样的"傻子"。他在日记中写道："我要做一个有利于人民、有利于国家的人。如果说这是'傻子'，那我是甘心愿意做这样的'傻子'的。"他还写道："我们国家处在困难时期，我们是国家的主人，应该处处为国家着想，事事精打细算，支援国家建设。"[1]

---

[1] 根据《党建》杂志社编：《追寻永恒——共和国英模的昨天和今天》，学习出版社1997年版，第159—161页；国荣洲主编：《中华英模风采录》，安徽人民出版社1994年版，第263—264页。

（三）要树立大公无私奉献社会的价值观

奉献社会，是社会主义职业道德的特有规范。它要求从事各种职业的个人，努力多为社会作贡献，为社会整体长远的利益，不惜牺牲个人的利益。因此，它也是一种高尚的社会主义道德规范和要求。

人生的快乐是什么？不同价值观的人有着不同的答案。

有的人认为，人生的快乐就是享受，就是让别人为自己服务。于是，不劳而获，中饱私囊，利用手中的权力为自己的"快乐"添砖加瓦；利用人民给的地位让别人无偿为自己服务。

事实上，人生的快乐在于奉献社会。因为奉献社会不仅为社会做出了贡献，也充实了人的精神世界，这无疑是获取快乐的源泉。奉献者虽然苦了他一人，却快乐了千万家。在千万家快乐之中，他也同样从辛苦中体会到快乐，累并快乐着。

杨善洲就是一位有着正确价值观的党的优秀领导干部。1988年3月，61岁的杨善洲从地委书记的岗位上退休了。出于对他几十年无私奉献、服务人民并取得卓著成绩的褒奖和关心，时任省委书记的普朝柱代表省委找他谈话，让他搬到昆明居住，并说还可以到省人大常委会工作一段时间。

杨善洲同志婉言谢绝了组织上的关心。他对普朝柱同志说："我要回家乡施甸种树，为家乡百姓造一片绿。"

为什么要回家乡施甸去种树？杨善洲这样解释："担任地委领导期间，有乡亲不止一次找上门，让我为家乡办点事情。我是保山地区的书记，哪能光想着自己的家乡，但毕竟心里过意不去呀，是家乡养育了我。于是我就向他们承诺，等退休后，一定帮家乡办点实事。"

于是，61岁的杨善洲，走进了施甸县的大亮山，开始了他的种树生涯。

杨善洲为什么不愿搬到省城昆明居住安享晚年，而愿意回到施甸县的大亮山种树，因为他要帮家乡办点实事，为家乡百姓造一片绿。这是他的价值追求。

他带领群众植树造林建成面积达5.6万亩、价值3亿元的林场，并且把大亮山林场无偿地捐赠给了国家。

奉献社会，是职业道德的最高要求，也是为人民服务实际行动的集中体现。诚如周恩来同志在《关于知识分子的改造问题》一文中所说："为人民服务也就是为我们的国家，为我们的民族，为我们美好的将来，为全人类光明的前途服务。"

奉献社会，是崇高的道德情操，是我国的传统美德。为社会，有人奉献生命，"我以我血荐轩辕"；有人奉献精力，"鞠躬尽瘁，死而后已"；有人奉献财富，"甘作春蚕吐尽丝"。然而，奉献社会不能是一句口头宣言，它应该落实在行动上。

当别人有困难的时候，年轻干部要能伸出援助之手，有钱的出钱，有力的出力，帮困难者渡过难关；

当祖国和人民需要我们的时候，年轻干部要能挺身而出，不怕为祖国、为人民而献身。

奉献社会也并非都是轰轰烈烈的大事。实际上，我们所做的事无论大小，只要有益于国家、有益于党的事业、有益于人民，就是伟大的奉献。年轻干部要像鲁迅先生所说的那样："能做事的做事，能发声的发声。有一分热，发一分光。"

2014年10月15日习近平总书记在文艺工作座谈会上发表了重要讲话。他在讲话中指出："改革开放以来，我国经济发展很快，人民生活水平提高也很快。同时，我国社会正处在思想大活跃、观念大碰撞、文化大交融的时代，出现了不少问题。其中比较突出的一个问题就是一些人价值观缺失，观念没有善恶，行为没有底线，什么违反党纪国法的事情都敢干，什么缺德的勾当都敢做，没有国家观念、集体观念、家庭观念，不讲对错，不问是非，不知美丑，不辨香臭，浑浑噩噩，穷奢极欲。现在社会上出现的种种问题病根都在这里。"

习近平总书记的这段话深刻地揭示了价值观缺失的危害性。年轻干部要引以为戒，防止价值观缺失、价值观扭曲，坚持共产党人的价值观，不断坚定和提高政治觉悟，走好人生、仕途之路。

什么是幸福快乐？不同价值观的人也有不同的回答。具有正确价值观者的答案是：自己的责任和义务是为他人谋幸福，并为此而感到幸福快乐。正如马克思所言："人们只有为同时代人的完美、为他们的幸福而工作，才能使自己也达到完美。""经验赞扬那些为大多数人带来幸福的人是最幸福的人。"这就是说，只有为人类的共同幸福作出贡献的人，才能获得最大的个人幸福快乐。因为社会成员通过共同承担道德义务，助人为乐，创造出了安全和谐的社会环境，他个人的幸福快乐就得到了保障。反之，他就会因为逃避社会责任和道德而受到惩罚。

人人都向往幸福快乐，但追求幸福快乐的方式却各不相同。有的人以拼命为自己攫取财富为幸福快乐；有的人以竭力为自己获取高位为幸福快乐；有的人以老婆孩子热炕头为幸福快乐。而党的年轻干部应该是以人民的幸福快乐为自己的幸福快乐。

所谓以人民的幸福快乐为自己的幸福快乐，是说年轻干部诚心诚意地为人民做事情，全心全意地为人民服务，给人民送去温暖。当人民幸福快乐了，他就感觉到自己特别得幸福快乐。郭明义就是这样的一位领导干部。

郭明义常说："给人温暖就是给自己幸福。每做一件好事，就有一股幸福感涌上心头，越做越有劲！"

这是郭明义的幸福观。这是一种以奉献人民为幸福的幸福观。

二

正确的权力观是秉公用权的前提

权力是一把"双刃剑",用好了可以为人民创造福祉,用不好则会祸及百姓殃及自身。因此,年轻干部必须树立正确的权力观。年轻干部树立正确的权力观,需要搞清楚权力从哪里来、为谁掌权、如何掌权这几个关键问题。

(一)中华人民共和国的一切权力皆属于人民

对于权力的来源,向来是有着不同的观点和看法。比较具有代表性的观点主要有以下几种:

第一,权力来源于天神。权力由神授予的观点主要产生于古代奴隶制君主国家。如古埃及法老(国王)自称为"太阳的儿子"（埃及崇拜太阳神）；如中国古代的统治者自称"天子"。

君权神授在中国古代典籍中的最早记载，见于《尚书·召诰》："有夏服（受）天命。"这话的意思是说，夏王朝是受天之命来统治万民的。

事实上，夏商周三代的君主都声称自己统治天下与天神有关，是由神赐天命。商汤在讨伐夏朝桀时就说："你们各位百姓都给我听着，不是我小子敢于犯上作乱，实在是因为夏国犯下了许多罪行，天帝命令我去诛杀它。"（原文："格尔众庶，悉听朕言。非台小子，敢行称乱；有夏多罪，天命殛之。"出自《尚书·汤誓》）

第二，权力来源于契约。权力契约是针对"权力神授"而提出来的，是对权力神授的直接否定。契约说认为，人类根据自身的需要，通过契约建立了国家，国家是需要管理的，于是，人们把自己手中的天赋权力让渡出来，给予统治者。

这种观点是17世纪和18世纪最有名的政治理论，其主要代表人物是霍布斯、洛克、孟德斯鸠、卢梭。他们认为，国家是人类根据自己的需要，通过订立契约而建立起来的，人民是制订契约的主体。因而，国家的权力来自于人民，而人民的权力则是天赋的。

第三，权力来源于智慧。智慧说认为，权力来源于智慧。古希腊著名思想家柏拉图就是这种观点的代表。柏拉图在《理想国》中将人分为三等。第一等是治国的贤哲；第二等是卫国的武士；第三等是农夫、手工艺者、商人，统称民间艺工。他们分别代表着智慧、勇敢和欲望三种品性。贤哲们依靠自己的哲学智慧和道德力量治理国家；武士们用忠诚和勇敢保卫国家的安全；民间艺人则为全国提供物质生活资料。三个等级各司其职，各安其位。在这样的国家中，治国的贤哲都是德高望重、具有完美的德行和高超的智慧的哲学家。

其实，早在荷马史诗——《伊利亚特》和《奥德赛》这最早的古希腊文献中，便反映了这种观点。

在荷马时代（公元前 11 世纪至公元前 8 世纪），国家还没有产生，社会的组织单位是父系氏族部落。氏族部落中有军事首领、长老会议和民众会。军事首领是公选出来的部落领袖，称为"巴西列斯"。由于"巴西列斯"不是世袭，而是公选的结果，因此，超群的勇力、非凡的智力，就构成了合格的军事首领所具有的素质。荷马史诗的许多情节都反映了当时的人们对战斗英雄的崇拜。

在《伊利亚特》中，曾有这样一段描述：以足智多谋著称的奥德赛，每当看到属下争吵，就会对他们说："老乡，安静地坐下，听着别人的话，他们比你优秀；而你是不勇敢的，是一个弱者，作战既不配，议事也不行。"

作战不配，是因为没有勇力；议事不行，是由于没有智慧。合格的军事首领必须是勇敢的，具有为本阶级集团的利益而献身的精神，具有超群的谋断智慧，这样，才能获得他人的追随。否则，就应该"安静地坐下，听着别人的话"。

这是关于权力来源的几种观点。那么，我们党和国家的各级干部的权力从哪来？这是必须要搞清楚的一个非常重要的问题。

对于权力的来源，并非所有的年轻干部都很清楚，一些人对此并不明白。比如有的年轻干部认为，手中的权力是上级给的，也有的年轻干部认为，手中的权力是自己凭本事获取的。

对权力来源的认知，决定着对待权力的态度和行使权力的目的。

焦裕禄为什么能全心全意为人民服务、执政为民？就是因为他对手中的权力的来源有着清醒的认识和正确的认知。他说："我们不是百姓的父母，而是老百姓的儿子，还要做听人民群众话的孝子，我们不是为民做主，人民才是主，人民要自己做主人，我们就是长工，是给人民扛长活的。"①

正是因为有了这种正确的认知，焦裕禄从来不用手中的权力来为自己和亲属谋取私利。

党的优秀干部郑培民同志也是如此。从20世纪80年代起，郑培民就先后担任市委书记、州委书记、副省长、省委副书记，又曾长期分管全省农业、文教、政法和党群工作，可谓位高权重。但他却从来没有利用手中的权力谋取私利。

郑培民的家，是尽人皆知的美满家庭，郑培民很爱他的妻子和儿女。但是他从不用手中的职权来表达这份感情，他深知，权力是人民给的，是为人民做事的。

几十年中，郑培民的职位一直在变动，但他的妻子杨力求的工作单位只变动过一次，就是从湘潭市新华书店调到了省新华书店，职务仍然是一名普通职工。

调到长沙后，杨力求上班要走上40多分钟。她不会骑自

---

① 廖海敏：《焦裕禄是一心为民的典范》，《开封日报》，2014年4月29日。

行车，乘公共汽车也不方便，多年来，她一直走路上下班。郑培民托人为妻子买鞋，指明买那种柔软的、平底粘胶的鞋子，他要让妻子在风吹雨打的路上，走得舒服一些。但这个有情有义的丈夫却从不让妻子搭他的顺路车。

而郑培民的儿子还曾经有过被爸爸从车上赶下来的经历。儿子在湘潭大学读书时，有一次爸爸从长沙去六七十公里外的湘潭开会，正在家中休假的孩子，便想搭便车去学校。谁知郑培民一上车，看到已坐在车里的儿子，立即严词厉色、毫不留情地把孩子从车上轰了下来。

不是郑培民对妻子无情。如果他无情，他就不会写下"手拉手，户外走，说说话，散散心，情切切，意绵绵，身体好，永相伴"这诗意般的日记，记录他与妻子散步的情状感受。

不是郑培民对儿子不爱。如果他不爱，他就不会这样鼓励自己的孩子读书上进："与其我留给你们财富，不如给你们留下创造财富的能力。读书，就是创造财富的能力！"

这就是郑培民，一个清正廉洁、克己奉公的共产党人。人们称他是新时期的焦裕禄。

焦裕禄去了，他活在兰考人民的心里，活在全国人民的心里；2002年3月11日，郑培民也去了，他活在湘西人民的心里，活在全国人民的心里。

焦裕禄去时，兰考人民如失去亲人般痛哭失声；郑培民去时，无数人围在他家的门外泪落如雨。他们不明白，天若无情，为什么让你这样的好人来到人间？天若有情，为什么让你这样的好人过早地离开人间？

海南省海口市地税局龙华分局局长陈小涛为什么在 2010 年 4 月 2 日因犯行贿受贿罪被海南省第一中级人民法院判处无期徒刑？就是因为他对权力有着错误的认知。他在忏悔其所犯罪行时称："这些年来，我头脑里产生了一个误区，错误地认为我被提拔为海口市地税局龙华分局局长，我手中的权力，是上级个别领导给的，是自己奋斗来的。对于社会上流传的'生命在于运动，当官在于活动'的说法，自己觉得挺有道理。因此，我将公权变为了私权。"

这正反两方面的事例告诉年轻干部，弄清自己手中权力的来源非常重要，也十分必要。因为政治学上有一条重要的基本原理，权力只对权力来源负责，或者说，谁授权向谁负责。

马克思主义认为，在社会主义国家里，一切权力属于人民，干部是人民权力的委托行使者，而不是权力的所有者。

《中华人民共和国宪法》第二条明确规定："中华人民共和国的一切权力属于人民。"执政党执政、干部执政，都源于人民授权。

授权，实质上就是一种委托权。人民把治理国家、管理社会的一部分权力委托给干部。干部受人民委托并代表人民来治理国家、管理社会。干部不管是委任的、选任的、考任的，抑或是聘任的，都是受人民的委托，代表人民来行使公共权力。

当年，有个美国记者曾经问毛泽东："你们办事，是谁给的权力？"毛泽东回答："人民给的。""人民要解放，就把权力委托给能够代表他们的、能够忠实地为他们办事的人，这就是我们共产党人。"①

毛泽东的这段话有两层含义，一是说，我们共产党人的一切权力都是人民委托给我们的，我们党自己没有权力。二是说，人民之所以把权力委托给我们，是因为我们共产党人能够代表他们的利益和要求、能够忠实地为他们办事。

这些话表述的都是干部手中的权力是人民授予的，"人民是权力的主体"。为什么说人民是权力的主体，简单说来，一句话：党的执政地位，是通过革命斗争获得的，归根结底，是在人民群众的支持下得到的。当然，毛泽东曾经说过，枪杆子里面出政权。但是，没有人民群众的支持，枪杆子里面也是出不了政权的。

在电影《风雨下钟山》里，有这样一个镜头：以周恩来为首的中国共产党代表团与以张治中为首的国民党代表团在北平举行谈判。在谈判接近尾声的时候，广播里传来了人民解放军占领南京的消息。张治中低头叹道："这是天意如此！"听了张治中的话，周恩来立即予以严肃地更正："不，是民意如此！"

"权为民所授"，这是年轻干部行使公共权力所必须搞清楚的一个最基本的事实。

年轻干部搞清楚了"权为民所授"这个最基本的事实，就要对权力保持一种敬畏感。有的年轻干部为什么滥用权力，以权谋私，以权寻租，搞权色交易、权钱交易，就是对权力没有敬畏之心。一个对权力有敬畏之心的年轻干部才会谨慎地对待

---

① 《抗日战争胜利后的时局和我们的方针》（1945年8月13日），《毛泽东选集》第4卷，人民出版社1991年版，第1128页。

权力，正确地使用权力。

作为中华人民共和国主席，毛泽东同志拥有着至高无上的权力。但是，他只用手中的权力来为中国革命服务，为中国共产党的事业服务，为全中国人民服务，而从不为自己的亲朋好友谋取半点私利。

"恋亲不为亲徇私，念旧不为旧谋利，济亲不为亲撑腰。"这是毛泽东给自己定下的三条规矩。

赵浦珠是毛泽东的姻兄。他曾经给毛泽东写信，诉说乡间减租土改时，侵及了他的个人利益。请求毛泽东为他撑腰，出面帮助他解决这个难题。

毛泽东接到赵浦珠的信之后，给他回复说："乡间减租土改等事，弟因不悉具体情况，未便直接干预，请与当地人民政府诸同志妥为接洽，期得持平解决。"

毛森品是毛泽东青少年时期的一位同窗学友。他给毛泽东写信，请求毛泽东为他推荐工作。

毛泽东十分委婉地加以拒绝："吾兄出任工作极为赞成，其步骤似宜就群众利益方面有所赞助表现，为人所重，自然而然参加进去，不宜由弟推荐，反而有累清德，不知以为然否？"

大革命时期，毛泽东同志在清溪一带从事革命工作时，曾经得到过彭石麟的帮助。然而，新中国成立之后，毛泽东也谢绝了彭石麟要求为之说情的事。在给彭石麟的回信中，身为人民政府主席的毛泽东吐露了自己的心迹："我不大愿意为乡里亲友形诸荐牍。"

当年，周恩来总理审查葛洲坝工程方案时，对身边人讲，长江出乱子，不是一个人的事，不是你的事，也不是我的事，是整个国家、整个党的事。"我对这个问题是战战兢兢，如临深渊，如履薄冰。"

毛泽东、周恩来给年轻干部树立了榜样。年轻干部要"谨慎"地行使权力，千万不能什么事情都敢干，什么地方都敢去，什么话都敢说，什么饭都敢吃，什么东西都敢拿。

"谨慎"地行使权力，关键是要有"权力边界"意识。所谓"权力边界"，就是权力行使的界限。权力要在一定范围、一定限度内，按照一定程序和规则运行。

事实证明，权力"越界"，会出问题。一位被绳之以法的官员就曾说："在我的一亩三分地里，没有我办不成的事情。"

这显然是不知道权力的边界。正因为不知道权力的边界，所以走上犯罪的道路。年轻干部权力的边界在哪里？简而言之：用权不能超越党纪国法和制度的规定；用权不能超越道德规范的约束；用权不能超越职权范围的规定。

（二）对授权者负责是政治学的一条普遍原理

谁授权，就要对谁负责，就要为谁服务，这是政治学的一条普遍原理，也是权力运行的一条基本法则。

年轻干部手中的权力既然是人民授予的，权力的公共性、人民性，就决定了权力不是私有品。因此，年轻干部只能用这种权力来为人民服务，来执政为民，不断追求"我将无我，不负人民"的精神境界。"我将无我，不负人民"，是大公无私、乐于为人民而奉献，是"心中有民、一切为民"，而不能用手中的权力来搞特权。

宋代著名思想家朱熹曾经说过这样一段话："官无大小，凡事只是一个公。若公时，做得来也精彩。便若小官，人也望风畏服。若不公，便是宰相，做来做去，也只得个没下稍。"

在朱熹看来，不管官大官小，做事必须公平公正。做事公平公正，怎么做都精彩。即使是小官，人们也会望风畏服；如果用权不公，即使是作为宰相，使尽各种手段和伎俩，也不会有什么好结果。

朱熹的话说得真是非常有见地。一个公道正派、用权出以公心的官员，才能获得人民群众的信服。反之，他就会走向人民的反面，成为孤家寡人，甚至是成为人民的罪人。

习近平总书记曾经说过："自古以来的历史说明，为官只有用权为公，才能得到人民的称赞和尊重，否则就会让群众不耻和诟病。每个官员都要以林则徐的'苟利国家生死以，岂因祸福避趋之'为座右铭。用权为公，守住公与私的分界线，绝不搞权力寻租、权钱交易。一定要践行党的宗旨，全心全意为人民服务。"① 年轻干部应当牢记这段话，并践行之。

说到"守住公与私的分界线"，有几个故事值得一读。

南宋文学家周紫芝在他所著的《竹坡诗话》中，记载了这样一则故事：

李京兆的叔父中，有个人曾经当过博州太守。他叫什么名

---

① 《习近平：严以用权的十个要求》，转引自新华网，2015年8月11日。

字，不得而知，但这个人极为廉洁耿直。

有一天，他到城门口迎接负有监察之责的京官。看守城门的官吏告诉他，现在是酉时。这位李太守命令他关闭了城门。

过了一会儿，这位京官到了，却进不了城门。两个人通过门缝对话。京官请求进城。李太守说："以法当闭关，不敢打开城门。请您等着明天清晨我再来奉迎您。"

还有一件事，京城有公函到，他打开信在烛光下阅读。这期间，有人送来了家信。他立刻让人把官家的蜡烛吹灭了，取来自己家的蜡烛来看信。家信看完了，又让人拿来官家的蜡烛阅读公函。当时遂有"闭关迎使者，灭烛看家书"的诗句。

（原文：李京兆诸父中，有一人尝为博守者，不得其名，其人极廉介。一日，迎监司于城门。吏报酉时，守亟命闭关。已而使者至，不得入，相与语于城门隙。使者请入见，曰："法当闭钥，不敢启关。请以诘朝奉迎。"

又京递至，发缄视之。中有家问，即令灭官烛，取私烛阅书。阅毕，命秉官烛如初。当时遂有"闭关迎使者，灭烛看家书"之句。周紫芝：《竹坡诗话》[1]）

李太守的这两则故事在有的人看来，就是一根筋，太较真儿。其实，这太较真儿的背后折射出的是公私分明的廉洁品质。

这种公私分明的廉洁品质在许多共产党人身上都有。比如邓拓，他在担任《人民日报》总编时，曾经去四川调研。《四川日报》一位领导请邓拓为他题写一个条幅。

---

[1] 《文渊阁四库全书电子书·竹坡诗话》，第 13 页。

邓拓爽快地答应了，但手头没有纸笔，当时没有题写。他的随行人员请人民日报驻四川记者站的同志第二天带些纸笔来。邓拓马上制止了。他说："我个人送的字，怎么能用公家纸笔？"

第二天，邓拓用自己花钱买的纸笔和墨给那位《四川日报》的领导题写了条幅。

对于邓拓的做法，有的人很不理解，认为他没有必要这样较真。于是，邓拓就写了一首诗作答："身居天府写文章，翰墨清新立意强。记者生涯当自励，一言一动慎思量。"

著名教育思想家陶行知也是公与私分得清清楚楚的人。

陶行知有一件"工作服"。"工作服"上有两个特制的口袋。这两个口袋，一个口袋放公款，一个口袋放私钱。一次，他去为教育募捐，归途准备坐车时，发现私钱被偷了，而公款还在。于是，他放弃了乘车，步行二十多里，回到学校。

在一般人看来，陶行知完全可以用公款先买车票，回到学校再还回去，天不知地不晓。但陶行知却公款、私钱分得清清楚楚，决不挪用公款。

年轻干部"守住公与私的分界线"，就是要这样体现在"公烛"与"私烛"上；就是要这样体现在"一言"与"一动"上；就是要体现在"公款"与"私钱"上。

（三）时刻不忘公仆身份为人民掌好权用好权

每个人在社会上都有多重身份，但年轻干部必须要知道并记住，自己是"公仆身份"。

身份是区别社群中个体成员的标识和称谓。简言之，就是"是谁，是什么样的人"。

年轻干部的身份既然是"公仆"，就得按照"公仆身份"掌权用权，而不能做有违公仆身份的事情。这就需要年轻干部强化"公仆身份"，别忘了自己的身份。

魏征与唐太宗议论前朝兴衰时说："昔鲁哀公谓孔子曰：'人有好忘者，徙宅而忘其妻。'孔子曰：'又有甚者，桀、纣乃忘其身。'亦犹是也。"上曰："然朕与公辈宜戮力相辅庶免为人所笑也。"司马光在《资治通鉴》中记载了这段故事。

魏征与唐太宗这段关于忘记身份的议论很发人深省。鲁哀公对孔子说："有的人非常健忘，搬家而忘记自己的妻子。"孔子说，还有比这更奇特的，夏桀、商纣等暴君，均贪恋身外之物而忘记了自身。唐太宗感慨地说，我跟你们各位同心合力相助，大概可以避免被他人所讥笑。

有的年轻干部"早节不保"，就是因为不知道或忘记了自己的"公仆身份"。

"树高千尺不忘根，血肉相连是人民。没有人民拥护咱，哪有今日满眼春。马行千里无骄心，千秋伟业是责任。继往开来展宏图，服务人民是根本。做人民的好公仆，永把人民挂在心。做人民的好公仆，不负人民养育恩。"这是《做人民的好公仆》一歌的歌词。这首歌词生动地回答了应该怎样做人民的好公仆，年轻干部应该牢记并践行。

三

正确的政绩观是为民造福的基础

政绩，就是为政之绩，即为政的成绩、功绩、实绩。有什么样的政绩观，就有什么样的工作效果和结果。习近平总书记在党的二十大报告中要求，要"引导干部树立和践行正确政绩观，推动干部能上能下、能进能出，形成能者上、优者奖、庸者下、劣者汰的良好局面"。

（一）新时代党对正确政绩观提出新要求

2019年4月中共中央办公厅印发的《党政领导干部考核工作条例》规定："考核政绩观，主要看是否恪守立党为公、执政为民理念，是否具有'功成不必在我'精神，以造福人民为最大政绩，真正做到对历史和人民负责。考核地方党委和政府领导班子的工作实绩，应当看全面工作，看推动本地区经济建设、政治建设、文化建设、社会建设、生态文明建设，解决发展不平衡不充分问题，满足人民日益增长的美好生活需要的情况和实际成效。"①

2020年11月中共中央组织部又印发了《关于改进推动高质量发展的政绩考核的通知》（以下简称《通知》）。

《通知》要求，要"把贯彻落实习近平总书记重要指示批示精神和党中央决策部署，贯彻新发展理念、推动高质量发展的实际表现和工作实绩，作为评价领导班子和领导干部政绩的基本依据，作为检验是否增强'四个意识'、坚定'四个自信'、做到'两个维护'的重要尺度"。"要把人民群众的获得感、幸福感、安全感作为评判领导干部推动高质量发展政绩的重要标准。""要聚焦推动高质量发展优化政绩考核内容指标。对应创新、协调、绿色、开放、共享发展要求，精准设置关键性、引领性指标，实行分级分类考核，引导领导班子和领导干部抓重点破难题、补短板锻长板。"②

这是新形势下党中央对各级干部树立正确的政绩观提出的新要求。年轻干部要根据《党政领导干部考核工作条例》的规

---

① 《党政领导干部考核工作条例》，《人民日报》，2019年04月22日05版。

② 中组部印发《关于改进推动高质量发展的政绩考核的通知》，《人民日报》，2020年11月6日。

定，根据《关于改进推动高质量发展的政绩考核的通知》的要求，树立正确的政绩观。

（二）提升"功成不必在我任期"的境界

年轻干部树立正确的政绩观，必须要提升"功成不必在我任期"的境界，注意防止和纠正各种急功近利的行为，不贪一时之功、不图一时之名，多干打基础、利长远的事。

"功成不必在我任期"是对历史负责，是为现实服务，是替未来着想。领导干部交替是正常规律、正常现象，只有一任接着一任干，一张蓝图绘到底，经济社会发展的战略蓝图目标才能实现。如果新官上任总纠结"功劳算在谁头上"，总担心"为他人做嫁衣裳"，搞"标新立异"，就会中断可持续发展的正常路径，"前人建后人拆、前人挖后人填"现象就是其反映。

"功成不必在我任期"是干承前启后的事业。年轻干部既要继承以前的正确道路，又要干好在任见效的事情，还要干好后任才能见效的事情。这就是继承中有创新、有持续。

（三）政绩归根结底必须要得到人民认可

年轻干部树立正确的政绩观，就要做到，"上有利于国家、下有利于人民；既符合国家和人民眼前利益的要求，又符合国家和人民长远利益的要求；既能促进经济社会发展，又能促进国家富强和人民幸福，那就做出了党和人民所需要的真正的政绩"[1]。

正确的政绩观，体现在政绩的内容上，应该是有利于国家、地方和单位的建设与发展；在创造政绩的目的上，应该是为党、为国家、为人民，而不是为了一己之私；在创造政绩的途径上，应该是脚踏实地，一步一个脚印，而不是投机取巧，以牺牲后代利益、浪费资源为代价。

年轻干部树立正确的政绩观，说到底就是要忠实践行党的宗旨，真正做到权为民所用、情为民所系、利为民所谋。政绩必须要得到人民的认可，使人民满意，才是正确的政绩观。

年轻干部只有树立了正确的政绩观，才能避免形式主义、官僚主义，真正做到为人民服务，为社会造福，为国家建设奉献力量。

---

[1] 习近平：《关键在于落实》，《求是》，2011年第6期。

第六章

遵守党纪国法
才能有前途

1985 年 3 月 7 日，邓小平在全国科技工作会议上作了《改革科技体制是为了解放生产力》的讲话后，即席发表了一次讲话，他在即席讲话中说，要『教育全国人民做到有理想、有道德、有文化、有纪律』。*接着，他强调说：『这四条里面，理想和纪律特别重要。』**年轻干部有理想，才有奋斗的目标，才有前进的方向，而要保证奋斗目标的实现，保证前行方向不偏航，必须用党纪国法来作为行路栏杆，只有遵守党纪国法才能行稳致远，前程无限。

* ** 《一靠理想二靠纪律才能团结起来》（1985 年 3 月 7 日），《邓小平文选》第 3 卷，人民出版社 1993 年版，第 110 页。

充分认识遵守党纪国法的重要性

自觉地遵守党的纪律和国家的法律，是党的年轻干部所必须履行的义务。陈云同志讲："可否不要纪律呢？如果不要也可以，那就是毛主席讲的六个字：'亡党亡国亡头'，就不可避免。"①

陈云同志的话虽然是 1943 年 3 月所讲，但在新的历史条件下、在新时代，对党的年轻干部依然具有警示意义。

（一）党纪国法是年轻干部的守护神

近些年来，在查处的贪腐案件中，有一个现象值得注意，

---

① 《关于党的文艺工作者的两个倾向问题》(1943 年 3 月 10 日)，《陈云文选》(1926—1949 年)，人民出版社 1995 年版，第 197—198 页。

就是有的落马官员拜求佛祖保佑自己平安，将佛祖当作自己的守护神。黑龙江省政协原主席韩桂芝就是典型的一个。

韩桂芝专门找人在房间里设计了佛龛，在里面供奉泥佛、瓷佛、金佛三种佛像，从早到晚香烟不断。

韩桂芝除了在家供奉朝拜外，还经常进庙宇烧香拜佛。她在被"双规"期间，还常常面对着墙壁念叨："佛啊，你为什么不保佑我！"

内蒙古赤峰市原市长徐国元也是如此。徐国元在家中设立佛堂供奉佛像，夫妻俩每天烧香拜佛。每收到一笔赃钱，他都要先在"佛龛"下面放一段时间。由于心里有鬼，在他隐匿赃物的箱包中，箱包四角也各摆放一捆钞票，中间放置"金佛"或"菩萨"，祈求"平安"。

最终结果呢？

2005年12月，北京市第一中级人民法院依法对韩桂芝的受贿案作出一审判决，以受贿罪判处韩桂芝死刑，缓期两年执行。

2009年8月，内蒙古赤峰原市长徐国元受贿、巨额财产来源不明，其妻子李敏杰受贿、掩饰、隐瞒犯罪所得一案，在包头中级人民法院公开宣判。被告人徐国元犯受贿罪，判处死刑，缓期2年执行，剥夺政治权利终身，并处没收个人全部财产。其妻执行有期徒刑3年，缓刑5年。

这两个活生生的案例告诉年轻干部，只有党纪国法才是自己自由平安的"守护神""护身符"。一个人如果违反党纪，触犯国法，必定要受到惩处，神仙、佛祖是保佑不了他的。

（二）党纪国法的权威绝不允许挑战

权威，有着不同的义项。比如，使人信从的力量和威望；在某种范围里最有地位的人或事情。这里讲的"权威"主要是指后者。

中国共产党是中华人民共和国的执政党，是中国特色社会主义各项事业的领导核心，党的纪律是铁的纪律；中华人民共和国实行依法治国，这是党领导人民治理国家的基本方略。

党的二十大报告指出："全面依法治国是国家治理的一场深刻革命，关系党执政兴国，关系人民幸福安康，关系党和国家长治久安。"

依法治国，就是广大人民群众在党的领导下，依照宪法和法律规定，通过各种途径和形式管理国家事务，管理经济文化事业，管理社会事务，保证国家各项工作都依法进行。

党纪国法的权威绝不允许挑战。谁挑战党纪国法的权威，谁践踏党纪国法，谁就会受到严惩。请看各地纪委监委网站发布的消息：

2023年9月6日，北京市西城区纪委监委发布消息，西城区文化和旅游局副局长古杨利（非中共党员）涉嫌严重违法，目前正接受监察调查。古杨利，女，1983年6月出生。

2023年9月8日，四川省纪委监委网站发布消息，凉山州金阳县政府党组成员、副县长，县公安局局长、督察长、四级高级警长罗海鸿涉嫌严重违纪违法，目前正接受凉山州纪委监委纪律审查和监察调查。罗海鸿，男，1982 年 12 月生。

2023 年 9 月 24 日，广东省纪委监委网站发布消息，韶关市始兴县委常委，县政府党组副书记、副县长凌雪峰涉嫌严重违纪违法，目前正接受韶关市纪委监委纪律审查和监察调查。凌雪峰，男，1980 年 1 月出生。

这些落马的年轻干部"涉嫌严重违纪违法"，就是在挑战党纪国法的权威。

（三）党纪国法面前人人平等无例外

《中国共产党纪律处分条例》强调："对违犯党纪的党组织和党员必须严肃、公正执行纪律，党内不允许有任何不受纪律约束的党组织和党员。"

习近平总书记指出："任何组织或者个人，都不得有超越宪法和法律的特权。一切违反宪法和法律的行为，都必须予以追究。"

党纪国法面前人人平等，是中国共产党一直秉持的原则。

不管是当年处理的黄克功、刘青山、张子善，还是改革开放以来处理的成克杰、胡长清、王怀忠，抑或是十八大前后处理的薄熙来、周永康、令计划，乃至二十大前后处理的孙国相、周建琨、范一飞，都彰显了这一点。

年轻干部应该牢记"党纪国法面前人人平等"这一原则，

不管你爸是李刚，还是"刘刚"，乃至是"胡刚"，谁触犯了党纪国法，都会受到严肃追究和严厉惩处。

2018年6月12日，陕西省纪委发布消息，陕西省卫生计生委党组书记胡志强涉嫌严重违纪违法，正接受纪律审查和监察调查。

胡志强的另一个身份，是山西省委原书记胡富国之子。

陕西省纪委监委在通报中称，胡志强身为党员领导干部，丧失理想信念，毫无党性观念，背弃党的宗旨，"四个意识"个个皆无，"六大纪律"项项违反，政治问题与经济问题相互交织，其行为已构成严重违纪并涉嫌犯罪，且在党的十八大后仍然不收敛、不收手，顶风违纪，性质十分恶劣，情节特别严重，社会影响极坏，应予严肃处理。

依据《中国共产党纪律处分条例》《中华人民共和国监察法》《行政机关公务员处分条例》等有关规定，经省纪委监委会议研究并报省委批准，决定给予胡志强开除党籍、开除公职处分；收缴其违纪违法所得；将其涉嫌犯罪问题及所涉款物移送检察机关依法处理。

这就是党纪国法面前人人平等，即使是山西省委原书记胡富国之子也没有例外。

二

严格遵守党纪国法以此约束自己

　　《中国共产党纪律处分条例》强调:"党的纪律是党的各级组织和全体党员必须遵守的行为规则。党组织和党员必须牢固树立政治意识、大局意识、核心意识、看齐意识,自觉遵守党章,严格执行和维护党的纪律,自觉接受党的纪律约束,模范遵守国家法律法规。"

　　年轻干部要自觉地遵守党的纪律和规矩,模范地遵守国家的法律法规,心中高悬法律的明镜,手中紧握法律的戒尺,知晓为人做事的尺度。

（一）天下只有守法度者才能最快活

《明史杂俎》曾经记载过这样一个故事：一日早朝，朱元璋突然问身边的群臣："天下何人最快活？"有说，功高盖世者最快活；有说，位居显赫者最快活；有说，金榜题名者最快活；有说，富甲一方者最快活。朱元璋听后都不满意。

这时，一个叫万钢的大臣答道："天下守法度者最快活。"朱元璋顿时龙颜大悦，夸赞万钢的见解"甚是独到"。

万钢的确很有见地。时至今日，此话也是至理名言。年轻干部遵守党纪国法，便能快乐自由。如果不遵守党纪国法，虽然能"快乐自由"一时，但最终肯定会失去快乐自由。那时，就悔之晚矣。

1962年5月29日出生，2002年11月13日被处以死刑的河北省国税局原局长李真在狱中时，新华社记者乔云华曾经问他："现在什么对你还有诱惑？"李真一字一顿地说："生命和自由。"

李真还对乔云华说："我现在什么都可以不要，只要自由，哪怕是一个月的自由，甚至是一天的自由。"

从李真的话语里，我们可以看到他对自由的渴望，对生命的渴望。

李真的死，给年轻干部们敲响了警钟。要想自由快乐地生活，享受生命的阳光，必须遵守党纪国法。

（二）自由之屋须盖在限制的围墙里

有人说："自由之屋必须盖在限制的围墙里。"这句话很让我欣赏。因为这句话形象地说明了自由快乐与党纪国法的关系。

一般说来，每个人都不同程度地具有希望不依靠他人，不受外来力量控制和支配，自己做主的意识；希望"我行我素"。

这种向往自由快乐的精神无可厚非。但其前提是，必须由党纪国法作为行路栏杆。正如马克思在《第六届莱茵省议会的辩论》中所言："法典就是人民自由的圣经。"

年轻干部要想真正拥有自由和快乐，必须在党纪国法的框架内活动。否则，超越了这个框架，践踏党纪国法，终将失去自由和快乐。贪污公款 386 万元打赏女主播的项上用他的犯罪事实诠释了这一点。

项上是"90 后"，2017 年 10 月，他通过招聘考试，被江苏有线网络发展有限责任公司赣榆分公司录用为出纳会计。

项上在上大学时，就用父母的钱和网贷买网络装备打游戏。参加工作后，他"开始采用虚列开支套取公款。为了不被发现，他将保管的公司现金不入账，虚报多报水电费金额，将公司应收款截留占有。他还利用管理漏洞，偷拿公司财务经理保管的网银盾，通过网银转账侵占公款，转账之后再将网银盾归还原处"。[1]

---

① 张行柏、李楠：《贪污公款 386 万打赏女主播 90 后会计终获刑》，中央纪委国家监委网站，2020 年 11 月 11 日。

后来，项上又迷上了打赏女主播。从 2019 年 4 月开始，他成为一名网络女主播的忠实粉丝。项上虚构了"富二代"的身份给女主播打赏。他交代说："我打赏网络主播，就像玩真人互动的网络游戏一样，我每天都忍不住要给主播刷礼物。"

为了能有足够的打赏资金，项上一次又一次地以各项费用支出名义套取公款。

项上"认识"女主播，而女主播根本不认识他，但为了能让他喜欢的女主播排名靠前，他出手阔绰，有时几千元，有时几万元甚至十几万元。"就这样，2018 年 1 月到 2019 年 7 月，约 386 万元的公款被项上挥霍掉。"①

"我知道欠债还钱的道理，更知道公司的钱是不能动的，但我还是没有管住自己的手。"项上反省说。

2019 年 4 月，项上带着贪污的 10 万元公款，打车来到湖南某处偏僻的山区，用他自己的话说，"不管以后怎么样，先过几天清静的日子再说"。

管不住自己的手，就别想过清净的日子。2020 年 2 月 10 日，项上因犯职务侵占罪被赣榆区人民法院判处有期徒刑五年六个月，失去了自由。

---

① 张行柏、李楠：《贪污公款 386 万打赏女主播 90 后会计终获刑》，中央纪委国家监委网站，2020 年 11 月 11 日。

（三）对党纪国法要始终保持敬畏心

"彻底的唯物主义者是无所畏惧的。"这是人们耳熟能详的一句话。这句话对于年轻干部抵制歪风邪气，弘扬新风正气，无疑是一种强大的精神鼓舞力量。然而，无所畏惧并不是说什么都可以不畏惧。年轻干部要畏惧其所当畏惧。明代人方孝孺云："凡善怕者，必身有所正，言有所规，行有所止，偶有逾矩，亦不出大格。"这段话的意思是说，凡是知道畏惧的人，一定是言谨身正，说话有分寸，行为不冲动，虽然偶尔有些出格之处，但也不会出现大的过失。

严格遵守党纪国法，是对每一个年轻干部的基本要求。在党纪面前，全体党员人人平等；在国法面前，全体公民人人平等。不能因为自己官大权重，就可以将自己置于党纪国法之上，不受党纪国法的约束。

一些年轻干部为什么落马，甚至走向不归路？就是因为他们对党纪国法缺乏敬畏之心，置党纪国法于不顾，甚至凌驾于党纪国法之上。

事实证明，年轻干部如果置党纪国法于不顾，凌驾于党纪国法之上，践踏党纪国法，最终他一定会受到党纪国法的严惩。

《中国纪检监察报》2023年9月27日刊发了一篇题为《趋金逐利自毁前程》的文章，文章剖析了重庆临空文化旅游发展有限公司原党委委员、副总经理张海严重违纪违法案。文章显示，2022年11月被查的张海，1984年4月出生，他被欲望驱使绞尽脑汁为"钱程"奔波，对别人送来的红包礼金来者不拒，对不法分子的"围猎"毫无抵抗，反而甘于"被围猎"、享受"被围猎"。

张海不止"坐等收"，还主动"出去找"，利用自己作为规划项目管理者、掌握规划项目信息的优势，想着法子、变着花样将规划项目信息做成"无本生意"，将手中权力及时"变现"。

收钱只收现金、只收几个信得过的老板，收到的钱交给他人保管、存入以他人名义开设的股票账户炒股，张海认为资金不在自己名下就无据可查，"交易圈"控制得很小就不会被发现。他沉浸在自己建立的"防火墙"可靠、"隔离带"管用的美梦之中。

法网恢恢，疏而不漏。2022年11月，张海因涉嫌严重违纪违法，接受重庆市渝北区纪委监委审查调查。2023年2月，张海被采取留置措施。2023年4月，张海受到开除党籍、开除公职处分，涉嫌犯罪问题被移送检察机关依法审查起诉。2023年7月，张海因犯受贿罪、洗钱罪，被判处有期徒刑五年八个月，并处罚金四十八万元。

张海的落马就是置党纪国法于不顾，践踏党纪国法的结果，他对党纪国法没有一点敬畏，不止坐等收钱，还主动出去找钱，真是胆大妄为。

敬畏党纪国法，是党的年轻干部最基本的领导、执政素养。党的年轻干部有了这种基本的领导、执政素养，才能以法纪办事，才能不逾越法纪底线，在法纪的框架内行使手中的权力。否则，就会视法纪为儿戏，凌驾于法纪之上。辽宁省原副省长、沈阳市市长慕绥新就曾经狂妄地宣称："国家的法令、法规在我这里也得变通执行，我同意的执行，我不同意的就不能执行。"这是典型的视宪法法律为儿戏、凌驾于宪法和法律之上者。视宪法法律为儿戏、凌驾于宪法和法律之上的人，必定会滥用手中的权力，任意胡作非为，最终会受到法纪的严惩。慕绥新终因犯有受贿罪和巨额财产来源不明罪，被大连市中级人民法院判处了死刑，缓期二年执行，剥夺政治权利终身。

三

守住党纪国法底线才能前程无限

法国著名作家维克多·雨果说过："做一个圣人，那是特殊情形；做一个正直的人，那是为人的常轨。"

作为以全心全意为人民服务为宗旨的党的年轻干部，是应该做"圣人"的，即做一个高尚的人，一个纯粹的人，一个有道德的人，一个脱离了低级趣味的人。

但实事求是地讲，这种要求不是所有的年轻干部都能做到的，甚至可以说，一些人是做不到的。

因此，那就退一步说，即使有的年轻干部达不到"圣人"的崇高境界，"底线"则必须坚守，"做一个正直的人"，因为这是年轻干部为官从政的最后一道屏障。提升境界是必须的，但守住党纪国法底线更是必要的。如果逾越了党纪国法的底线，一切都无从谈起。

（一）党纪国法这条底线是"分界线"

关于底线，商务印书馆 2001 年出版的《现代汉语词典（修订本）》的解释是，"足球、篮球、羽毛球等运动场地两端的界线"。

底线既然是"运动场地两端的界线"，那么，换一句话来讲，底线，就是运动规则所确定的行为主体在运动场上的活动范围。这就是说，你要在运动场上活动，就得在界线内施展你的本领，在界线外活动无效，或者被罚下场。

这是底线的初始意义。如果把底线引申运用到年轻干部领导活动的领域，我认为，底线则喻指年轻干部为人、做事、从政的最基本准则、标准、条件和限度。

既然底线是年轻干部为人、做事、从政的"最基本准则、标准、条件和限度"，那么，底线就是一条"分界线"。年轻干部如果逾越了底线，事物的性质就会发生根本性的变化。

事物的性质如果发生了根本性的变化，年轻干部不仅会失去为人、做事、从政的基础和资本，还会受到道德谴责和法纪的惩罚。年轻干部一定要明白其中的利害关系。请看徐永兵的堕落。

徐永兵是浙江省台州市仙居县官路镇经济建设服务中心原主任，1988 年出生。2019 年，他担任了官路镇经济建设服务中心主任。一上任，老板们的宴请、吹捧就接踵而至，他也逐渐飘飘然。他接受第一个红包时，也是胆战心惊，慢慢地，贪婪占据了上风，开始一门心思谋取私利。

"此后，本该对辖区内近100家企业的安全生产、消防等事项负起监管责任的徐永兵，开始把管理服务对象视为自己的'钱袋子'：2019年至2022年底，他以为企业在日常安全检查、隐患整改等方面提供帮助或需要钱来打点关系为由，通过微信红包、支付宝转账等方式，直接索取或收受管理服务对象礼品礼金礼券30余次，涉嫌受贿共计9万元。2023年3月，徐永兵被开除党籍、开除公职，涉嫌犯罪问题移送检察机关依法审查起诉。"①

（二）党纪国法这条底线是"高压线"

高压线，是输送高压电流的导线。常识告诉我们，输送高压电流的导线，是不能触碰的。触碰了高压线，轻者伤身，重者亡身。这是一条铁律。

因此，一个人只要他精神上没有什么问题，或者他知道自己面对着的是一条高压线，他是绝对不会去触碰它的，而是避之犹恐不及。当然，除非他精神上有问题，或者根本就不知情。

其实，党纪国法就是"高压线"，也是不能触碰的。谁触碰了它，也会陷入万劫不复之深渊。

---

① 李云舒：《早节不保难行远》，中央纪委国家监委网站，2023年6月25日。

要说这是一个简单得不能再简单的道理，每个人都应该明白才对。但事实上却并非如此，就连作为社会精英的年轻干部，有的人对这个道理还是认识不清，有的人对这个道理还是认识不足，有的人虽然有认识，但还是心存侥幸。于是，这些人便毫无顾忌地去触碰底线。结果，或是身陷囹圄，或是走上不归之路。

（三）党纪国法这条底线是"前程线"

某日，我在网上搜索"仕途畅达"一语，看到有人给网上的"大师"提了这样一个问题：

"请教大师改什么名字有益仕途？本人女，姓孔，生于农历 1982 年 9 月 17 日 23 点多，现在有意走仕途，请大师看我生辰八字改什么名字好！另麻烦说一下名字要什么部首，多少笔画等。"

于是，网上就有"大师"给这位姓孔的女士起了若干个名字，什么滢滢、笭笭，什么媛馨，等等。

看到孔女士提出的这个问题和"大师"给出的答案，我觉得很有意思。改个名字就会有益仕途？我即使是孤陋寡闻，也知道答案。真是幼稚、天真得可以。

名字其实就是一个代号而已，怎么可能会有益仕途呢？同名同姓的人，有人可能当部长，有人可能为清洁工。我这里绝对没有看低清洁工的意思。部长和清洁工都是为人民服务,在人格上是平等的,我只是想举例来说明问题而已。

为官从政要有什么东西能真正有益仕途,首要的,是要守住党纪国法的底线,这是正道,这是基础。基础不牢,地动山摇。没有了这个基础,谈什么仕途?

从这种意义上讲,我认为,党纪国法的底线就是年轻干部为官从政的"前程线"。守底线,才能前程无限。否则,就要"下线"。

"下线",原指退出网络游戏或断开网络。我这里是以此来比喻退出仕途,离开领导工作岗位。

近些年来,因为守不住底线而下线、甚至被绳之以法的领导干部、包括年轻干部为数不少。

正如真理再往前迈进一步就是谬误一样,底线的下方就是万丈深渊。底线的突破是致命的,年轻干部不能不警醒。

对于年轻干部来说,底线就是党纪国法,底线就是道德良知。守住了"底线",就守住了未来。

没有人不想有未来。如何才能有未来?人们可以给出各种各样的答案。正如莎士比亚所言:"一千个读者眼中,就有一千个哈姆莱特。"

尽管"一千个读者眼中,就有一千个哈姆莱特",但就年轻干部而言,要想有未来,必须有一个"哈姆莱特"。这个"哈姆莱特"就是党纪国法的"底线"。

总而言之,党纪国法的底线对于年轻干部的人生道路、仕途前程，是至关重要的。年轻干部应该战战兢兢、如履薄冰般地小心守护这一底线，以免为不守底线而付出沉重的代价。

著名作家柳青说过："人生之路虽然漫长，但紧要处只有几步。"套用柳青的话来讲："仕途之路虽然复杂，但关键处只有一步。"诚如真理再往前迈进一步就是谬误一样，在党纪国法的底线面前，再往前迈一步，就可能是"仕途之路不再有，万丈深渊在等待"。

古今中外，仕途中，掉下过多少"乌纱帽"；囹圄里，关过多少"为官者"，恐怕难以数得清。所以，有人说，为官从政就跟在天空中飞行的飞机一样，不管你飞得有多高有多快，关键是要能平安落地，不出事，这才是王道。我觉得这个比喻真的是非常贴切。年轻干部要想在仕途上行稳致远，并能平安落地，必须严格遵守党纪国法。

据丽水市纪委监委 2023 年 2 月 15 日发布消息称，出生于 1993 年的丽水南城大数据管理有限公司副总经理叶帅涉嫌严重违纪违法，目前正在接受丽水市纪委监委派出丽水经济技术开发区纪检监察工委纪律审查和莲都区监委监察调查。

据天津市纪委监委 2023 年 7 月 31 日消息，天津市河西区商务局招商引资科四级主任科员焦自豪涉嫌严重违纪违法，目前正接受天津市纪委监委纪律审查和监察调查。焦自豪 1992 年 4 月出生，参加工作还不到 7 年。

2023 年以来，就有多名"90 后"年轻干部被查。

四川长宁县住房城乡建设和城镇管理局市容管理股副股长

刘芳秀，涉嫌严重违法违纪，接受纪律审查和监察调查。刘芳秀 1992 年出生。

广东珠海市粮油购销有限公司原副总经理蔡卓尔，涉嫌严重违法违纪，接受纪律审查和监察调查。蔡卓尔 1990 年出生。

广东汕头市澄海区东里镇党委副书记蔡业嘉，涉嫌严重违法违纪，接受纪律审查和监察调查。蔡业嘉 1991 年出生。

七台河市茄子河区棚改办原鹿源社区认定组组长田博文涉嫌严重违纪违法，目前正接受纪律审查和监察调查。田博文 1991 年 11 月出生。

这些"90 后"之所以落马，一个共同的原因都是"涉嫌严重违纪违法"。

这些正值大好年华的年轻干部，本应有大好前程，却因涉嫌严重违纪违法接受审查调查。

1939 年 5 月，在党局部执政的延安发生了一件事情：中央党务委员会①决定开除刘力功党籍并通报全党。5 月 23 日，时任中共中央组织部部长的陈云还为此专门写了一篇题为《为什么要开除刘力功的党籍》的文章。该文章发表在中国共产党中央委员会机关刊物《解放》杂志第 73 期上，组织部还专门组织延安各机关、学校围绕"为什么要开除刘力功的党籍"这一

---

① 中央党务委员会，是 1933 年 8 月 8 日中共中央决定设立的。决定说："为要防止党内有违反党章，破坏党纪，不遵守党的决议，及官僚腐化等情弊发生，在党的中央监察委员会未正式建立以前，特设立中央党务委员会。"

问题开展了一场大讨论。

刘力功是个什么样的人？陈云为什么要写这样一篇文章？组织部为什么要组织延安各机关、学校围绕"为什么要开除刘力功的党籍"这一问题展开大讨论？

刘力功是一个从国统区奔赴延安投身革命的知识青年。1938年，他在延安加入了中国共产党。作为党重点培养的对象，他先是在"抗大"学习，"抗大"毕业后，又进入党的训练班，专门学习党的建设课程。

他在党的训练班毕业的时候，党组织根据他在学习过程中的表现，考虑到他又是没有工作经验的新党员，决定让他到基层工作中去锻炼。但刘力功拒绝执行党组织的决定，他坚持要进马列学院或回距离延安很远的原籍工作，否则就退党。

党组织为了教育他，先后7次跟他进行谈话。在第一次谈话中，他声明那个退出党的说法是错误的，但依然坚持不到基层工作。党组织认为，马列学院是党的比较高级的学校，不能接收像他这样思想意识极端错误的人，而且派他回原籍工作，对当地工作无益而有害，只是满足了他的家庭观念。因此，党组织拒绝了他的要求。

在最后一次谈话的时候，"党组织告诉他：'个人服从组织'是党的纪律，要你到华北去做下层工作是党的决定，必须服从。可是他还是要求党接受他的意见，实际上是要'组织服从个人'"。①

7次谈话之后，党组织让他进行自我反省。刘力功反省了几天之后，向党组织表示，可以到华北地区工作，但一定要到八路军总司令部工作。党组织没有同意他的意见，"他就干脆拒绝执行党的决定"②。

中央党务委员会认为，"党已尽了最大的努力，对刘力功进行说服教育工作。'个人服从组织，少数服从多数，下级服从上级，全党服从中央'是党的纪律，党的纪律不容任何人破坏。刘力功违犯了党的纪律，又不接受党的教育，改正自己的错误，因此，决定开除其党籍，并公布于全党"。③

刘力功为什么被开除党籍？上面这段话给出了明确的答案。刘力功虽然在组织上入了党，但在思想上并没有入党，心中没有政治意识，没有大局意识，违犯党的纪律。

刘力功的事情虽然是发生在1939年，但时至今日，年轻干部不妨扪心自问，自己在工作中对党的决定是否讨价还价？是否拒绝执行党的决议？是否违犯了党的纪律，是否在党的决议面前阳奉阴违？无则加勉，有则一定要改之。

---

①②③《为什么要开除刘力功党籍》（1939年5月23日），《陈云文选》（1926—1949年），人民出版社1984年版，中国人民解放军战士出版社重印，第58—59页。

第七章

艰苦奋斗优良传统
不能丢

艰苦奋斗，就是在艰难困苦的条件下进行顽强不屈的斗争。人类社会的发展史，就是人类艰苦奋斗的创业史。中国共产党百余年来的发展史，也是一部团结带领全国各族人民艰苦创业的伟大奋斗史。艰苦奋斗是中华民族的传统美德，更是中国共产党的政治本色和年轻干部立身立业的根基。艰苦奋斗不仅是国家、民族兴旺发达的重要保障，也是个人成长、成功的必要条件。

一

艰苦奋斗是党的优良作风

艰苦奋斗是中华民族的传统美德，也是中国共产党的优良传统和作风。中国共产党从诞生之日起，就继承和发扬了中华民族艰苦奋斗的传统美德，并把它同党的性质、奋斗目标和根本宗旨紧密地结合起来，从而为传统美德注入了新的内容，使之发展到一个新境界，提高到一个新水平，形成了反映中国共产党本质特征的艰苦奋斗的优良作风。

（一）艰苦奋斗是一种强大的精神力量

艰苦奋斗的优良传统和作风是中国共产党团结和领导人民实现民族复兴、国家富强的强大精神力量。

正是依靠这种精神力量，中国共产党历经 100 余年而始终保持着无产阶级政党的政治本色；正是依靠这种精神力量，中国共产党历尽艰难困苦，饱受重重磨难而不坠革命之志，带领着全国人民在白色恐怖中开辟了革命根据地，完成了震惊世界的两万五千里长征，取得了抗日战争和解放战争的伟大胜利，建立了伟大的中华人民共和国。

中华人民共和国成立以后，中国共产党继续发扬艰苦奋斗的优良传统和作风，带领全国各族人民战胜了三年自然灾害，在一张白纸上绘出了最新最美的图画。

新中国 70 多年的历史，就是一部党带领全国各族人民自力更生、艰苦奋斗、发愤图强的历史；就是一部党带领全国各族人民经历磨难、经受考验，大胆探索、砥砺奋进的历史。

2019 年 4 月 30 日，习近平总书记在纪念"五四"运动 100 周年大会上的讲话中强调："今天，我们的生活条件好了，但奋斗精神一点都不能少，中国青年永久奋斗的好传统一点都不能丢。在实现中华民族伟大复兴的新征程上，必然会有艰巨繁重的任务，必然会有艰难险阻甚至惊涛骇浪，特别需要我们发扬艰苦奋斗精神。奋斗不只是响亮的口号，而是要在做好每一件小事、完成每一项任务、履行每一项职责中见精神。奋斗的道路不会一帆风顺，往往荆棘丛生、充满坎坷。强者，总是从挫折中不断奋起、永不气馁。"党的性质、宗旨和肩负的历史使命，决定了中国共产党必须坚持艰苦奋斗的政治本色。这是党不断前进的强大精神支柱。

（二）党的历史是一部艰苦奋斗的历史

中国共产党已经走过一百多年的奋斗历程，党的历史就是一部艰苦奋斗的光辉历史。

中国共产党刚刚诞生，就领导了轰轰烈烈的工人运动和学生运动。由于旧军阀与帝国主义相勾结，残酷镇压革命运动，许多共产党人英勇牺牲，其中有著名的工人领袖林祥谦、施洋和顾正红。

大革命失败之后，中国革命进入了低潮。此时的中国共产党不仅面对着反革命力量的血腥屠杀，也面对着艰难困苦的生活局面。在严峻的生死考验面前，年轻的中国共产党表现出了大无畏的精神，他们从地下爬起来，揩干净身上的血迹，掩埋好同伴们的尸首，又继续战斗了。

长征时期，红军所遭遇的艰难困苦更是世所罕见。但是，英勇的红军战士依靠着艰苦奋斗的精神力量，冲破了国民党军队的围追堵截，克服了雪山草地的自然险阻，忍受了饥寒伤病的折磨摧残，战胜了党内分裂的严重危机，胜利地完成了举世瞩目的两万五千里长征。

抗日战争进入相持阶段后，由于日本帝国主义的野蛮进攻，和国民党顽固派的军事包围和经济封锁，再加上自然灾害的袭击，中国共产党领导的抗日根据地和敌后抗战，遇到了严重的困难。革命队伍几乎没有衣穿，没有饭吃。但是困难并没有吓倒共产党人。中共中央明确指出，人民抗战面临的困难是前进中的困难，是日益接近胜利的暂时困难；强调发扬革命精神，战胜困难，争取胜利。这种精神就是自力更生、艰苦奋斗的精神。中国共产党还发出了"自己动手、丰衣足食、艰苦奋斗、克服困难"的号召，官兵一道开荒种地，纺线织布，终于以自力更生、艰苦奋斗的精神渡过了难关，夺取了抗日战争的最后胜利。

毛泽东曾经指出："共产党有艰苦奋斗的作风，能够忍饥饿去打日本帝国主义。从前红军长征过草地的时候，有五十天没有饭吃，吃树皮，这只有共产党能做到，别人是做不到的。"[1]

在解放战争中，中国共产党也依然面临着严峻的艰难困苦局面。但中国共产党并没有在这些困难面前低头。她所领导的中国人民解放军硬是用小米加步枪，打败了用洋枪洋炮装备起来的国民党八百万军队。

据民政部门和组织部门统计，从1921年7月1日成立中国共产党，到1949年10月1日建立中华人民共和国之前，可以查到姓名的牺牲的革命者是370多万。这就是说，在这1万多个日子里，平均每天至少有370名共产党人壮烈牺牲！

先烈们倒下去了，中国人民站起来了。烈士们用鲜血染红的五星红旗在祖国大地上高高飘扬。

新中国成立后，满目疮痍，百废待兴，国内外斗争环境严峻复杂。中国共产党领导全国各族人民"迅速地荡涤反动政府

---

[1] 《抗大三周年纪念》(1939年5月26日)，《毛泽东文集》第2卷，人民出版社1993年版，第193页。

留下来的污泥浊水，治好战争的创伤"①，在一张白纸上绘出了最新最美的图画：第一台"解放"开出了汽车制造厂，贫油的帽子扔进了太平洋；长江天堑变成了通途，腾空升起了"蘑菇云"……

（三）新时代对艰苦奋斗提出的新要求

"中国共产党已走过百年奋斗历程。我们党立志于中华民族千秋伟业，致力于人类和平与发展崇高事业，责任无比重大，使命无上光荣。全党同志务必不忘初心、牢记使命，务必谦虚谨慎、艰苦奋斗，务必敢于斗争、善于斗争，坚定历史自信，增强历史主动，谱写新时代中国特色社会主义更加绚丽的华章。"这是习近平总书记在二十大报告中对全党同志提出的新要求。

也许有人会说，现在我们的生活水平提高了，社会财富也极大地丰富了，还提什么艰苦奋斗？

不错，我们的生活水平是提高了，我们的社会财富是丰富了，但即便如此，年轻干部仍然不能忘记艰苦奋斗。因为在物质生活极大丰富的今天，提倡艰苦奋斗，并非是要人们为艰苦而艰苦，人人成为"苦行僧"，否定物质利益原则，而是要求人们不仅要做到生活节俭，还要发扬不畏艰难、奋力拼搏、克

---

① 《在新政治协商会议筹备会上的讲话》（1949 年 6 月 15 日），《毛泽东选集》第 4 卷，人民出版社 1991 年版，第 1467 页。

己奉公、甘于奉献的革命精神。

习近平总书记指出："那种认为艰苦奋斗是老套、已经过时的看法是错误的、有害的。"

保持艰苦奋斗的优良传统和作风，要把握艰苦奋斗的时代内涵。这就是：不怕困难、百折不挠的坚强意志；艰苦朴素、勤俭节约的生活态度；自强不息、开拓进取的精神风貌。

艰苦奋斗的主旨和要义是为实现伟大目标而勇于克服各种困难，坚持不懈地顽强奋斗。

我们在实现中华民族伟大复兴的进程中，必然会遇到各种各样的困难。要克服各种困难，就需要我们继续发扬艰苦奋斗的精神，使艰苦奋斗精神真正成为凝聚人民群众共克时艰的无价之宝。

对于年轻干部来说，保持和发扬艰苦奋斗的精神，在不同的方面有着不同的具体要求。

在政治上，要保持旺盛的伟大斗争精神，为实现共产主义的伟大目标而生命不止，奋斗不息；

在思想上，要自觉抵制剥削阶级腐朽思想的侵蚀，时刻注意防止任何特权思想的产生，始终不忘全心全意为人民服务的宗旨，与人民群众同甘苦共患难，同呼吸共命运；

在工作上，要勇挑重担，开拓进取，任劳任怨，艰苦创业，不畏艰辛，勇往直前；

在生活上，要勤俭节约、艰苦朴素，反对铺张浪费和奢靡生活。

二

继承艰苦奋斗的优良传统

"节俭朴素，力戒奢靡，是我们党的传家宝。现在，我们生活条件好了，但艰苦奋斗的精神一点都不能少，必须坚持以俭修身、以俭兴业，坚持厉行节约、勤俭办一切事情。"这是2021年3月1日，习近平总书记在2021年春季学期中央党校（国家行政学院）中青年干部培训班开班式上发表的重要讲话中所强调的。按照新时代对艰苦奋斗提出的新要求，年轻干部要在以下几方面多加努力。

（一）保持旺盛的斗争精神

年轻干部发扬艰苦奋斗的优良传统，必须保持旺盛的伟大斗争精神，为实现共产主义的伟大目标而踔厉奋发，勇毅前行。

共产主义伟大目标不可能一蹴而就，不可能敲锣打鼓就能实现。她需要不懈努力，需要不懈奋斗才能实现，而且在努力、奋斗的过程中，还会遇到重大挑战、重大风险、重大阻力、重大矛盾，要"有效应对重大挑战、抵御重大风险、克服重大阻力、解决重大矛盾，必须进行具有许多新的历史特点的伟大斗争，任何贪图享受、消极懈怠、回避矛盾的思想和行为都是错误的"。①

新时代年轻干部在工作中遇到的斗争是多方面的、全方位的。全面从严治党、全面深化改革、全面依法治国、贯彻新发展理念、构建新发展格局、推动高质量发展、应对重大自然灾害、处理群体性事件、打击黑恶势力、维护国家安全，等等，都需要保持旺盛的斗争精神，增强斗争本领，做到敢于斗争、善于斗争。

（二）发扬艰苦创业的精神

邓小平曾经指出："艰苦奋斗是我们的传统，艰苦朴素的教育今后要抓紧，一直要抓六十至七十年。我们的国家越发展，越要抓艰苦创业。提倡艰苦创业精神，也有助于克服腐败

---

① 《习近平谈治国理政》第三卷，外文出版社 2020 年版，第 12 页。

现象。"①

年轻干部发扬艰苦创业精神，就要勇挑重担，开拓进取，任劳任怨，不畏艰辛，勇往直前。曾任大庆石油管理局勘探开发研究院院长的王启民就是一位艰苦创业者。

王启民，1937 年出生，浙江省湖州人，1961 年 8 月，他从北京石油学院毕业后来到了大庆油田地质指挥所工作。一到大庆，他就被铁人王进喜"宁可少活二十年，拼命也要拿下大油田"钢铁誓言激励着，他和所里几个同伴写下了一副气势豪迈的对联："莫看毛头小伙子，敢笑天下第一流"，横批为"闯将在此"。他们还特意将"闯"字中的"马"字写得大大的，突破了门框。王启民确立了正确而远大的目标："我们就是要靠自己的力量，闯出中国自己的油田开发之路！"

从此，他为这个正确而远大的目标不懈地奋斗着。

20 世纪 60 年代，他提出的"高效注水开采方法"，打破了当时国内外普遍采用的"温和注水"开采方式，开创出中低含水阶段油田稳产的新路子。70 年代，他主持进行的"分层开采、接替稳产"开发试验，使水驱采收率提高了 10% 至 15%。90 年代，他组织实施的"大庆油田高含水期稳油控水系统工程"结构调整技术，创立了油田高含水后期"控液稳产"的新模式。

王启民的不懈奋斗，为大庆油田创造了巨大的经济效益，

---

① 《在接见首都戒严部队军以上干部时的讲话》（1989 年 6 月 9 日），《邓小平文选》第 3 卷，人民出版社 1993 年版，第 305 页。

仅"表外储层"开发研究成果，就相当于为大庆增加了一个地质储量 7.4 亿吨的大油田，按 2 亿吨的可采储量计算，价值2000 多亿元。

王启民实现了他的正确而远大的目标："靠自己的力量，闯出中国自己的油田开发之路！"而这一目标实现的背后，是他艰苦并不懈的奋斗。

比如，为了向表外储层要资源，王启民带领试验组先后打了 21 口探井，结果，全部宣告失败。面对挫折，王启民没有气馁。他带领试验组继续拼搏。他白天和工人一起上井测试、作业，一口井一口井地搜集资料；晚上在帐篷中分析数据，画出地下油层的连通图。一次，一口井要下封隔器，可汽车由于下雨进不了井场，他和一位同事硬是走了好几公里路把封隔器背到现场。当他放下手中的封隔器时，因劳累和类风湿强直性脊椎炎发作，腰许久直不起来。经过 52 次封窜、堵水，终于使 19 口井都达到了正常产量。

王启民经过研究认为，要保持油田持续高产稳产，必须有一整套油田开发方法及配套的工艺技术来作为保证。

为此，王启民从 1970 年开始，就率领研究人员到中区西部进行了长达 10 年之久的接替稳产试验。这 10 年间，他和其他研究人员一道施工作业，逐井取样化验，分析数据，经常一干就是通宵达旦。夏夜，工地上蚊子成群；冬季，帐篷里满是冰霜。他以前野外作业落下的风湿病复发加重，每天不得不"罗锅"着腰。同事们心疼他，劝他回家养病，他说："我是组长，最了解试验方案和进展情况，怎么能走呢？"

经过 3000 多个日日夜夜，保持油田持续高产稳产的油田开发方法及配套的工艺技术，终于破土而出。

2009 年 9 月 14 日，王启民被评为 100 位新中国成立以来感动中国人物之一。1985 年王启民被国家人事部命名为"中青年有突出贡献专家"；1996 年 8 月 27 日，王启民被大庆石油管理局党委命名为"新时期铁人"；2019 年 9 月 17 日，国家主席习近平签署主席令，授予王启民"人民楷模"国家荣誉称号；2019 年 9 月，王启民被授予"最美奋斗者"。

（三）保持艰苦朴素的生活

艰苦朴素，是吃苦耐劳、勤俭节约的作风。年轻干部发扬艰苦奋斗的作风，必须保持艰苦朴素的生活，这也是防止"早节不保"的重要路径。

《左传》中有言："俭，德之共也；侈，恶之大也。"这句话的意思是说，节俭是有德之人共同的品质，奢侈是一切恶行中最大的恶。

审视那些"早节不保"的年轻干部，几乎都与贪图、追求奢侈生活有着直接的关系。

例如，1977 年出生的冯清华，是广东省清远市清新区住房和城乡建设局原副局长，他利用职务之便，收受他人贿赂

40多万元。冯清华收受的金钱大部分用于满足个人的享乐需求，据办案人员介绍，冯清华平时沉迷网络游戏，不惜为了游戏"一掷千金"。他还热衷旅游玩乐。2009年至2011年期间，其旅游消费高达11万元。据其本人交代，该旅游款项均来自受贿款。其中，2009年，他携妻子前往云南旅游，消费了3.1万元；于2010年春节前去香港旅游，一次性消费了5万元。在冯的受贿款中，用于购买手机、相机、摄录机等高档电子产品共5.8万元。不仅如此，冯清华的生活作风也越来越奢靡，购买一个茶饼就花费了1万元，其使用的一只羽毛球拍价值8千元、佩戴的手表价值2万元。

2014年10月16日，清远市清新区人民法院判决冯清华犯受贿罪，判处有期徒刑五年九个月。[①]

冯清华曾是人人称赞的技术能手、年轻有为的"希望之星"，但却因迷恋于奢靡生活而收受贿赂，最后断送了自己的大好前途，沦为阶下囚。假如他俭朴生活，他的工资收入维持正常生活绰绰有余，何至于此？

唐代著名诗人李商隐有句名言："历览前贤国与家，成由勤俭败由奢。"这是历史经验教训的总结。千百年来，无数的事实证明，艰苦创业、勤俭持家，则国富民强；丢掉了勤俭持家的传统美德，贪图享乐，骄奢淫逸，搞铺张浪费，往小里说，能毁掉一个人的前程，毁掉一个家；往大里说，能使国家由强

---

① 张林：《落马官员3年花11万受贿款旅游 买1个茶饼花1万》，《羊城晚报》，2015年9月23日。

变弱，最终走向灭亡。翻开历史，这种悲剧无数次地上演过。

一位名人说得好："享乐对于人生来说，是最危险的东西。虽然，它没有牙齿，但可以吃掉你的理想；它没有双脚，但可以勾引你走向歧途；它没有烟味，但可以熏黑你的灵魂；它没有砒霜，但可以毒害你的情操、意志和人格……享乐的生活犹如醋酸，能腐蚀灵魂的钙质，会使人坠入深渊。"

老一辈无产阶级革命家刘伯承同志常说："廉洁的品行，要靠平时俭朴的生活养成。"焦裕禄为什么能清正廉洁？跟他始终保持着艰苦朴素的好传统，有着密切的联系。

一年冬天，焦裕禄和几位同事到北京出差。火车抵达北京时，已是午夜时分。当时，气候寒冷异常。同行者都希望能找一个干净的大旅馆住下，以便舒舒服服地睡觉、工作。但焦裕禄不同意。他说，大旅馆太贵，小旅馆照样能睡觉、工作。

结果，他们在车站附近找了一家很便宜的小旅馆住下了。这家小旅馆房屋低矮，条件很差。有的同志顺口说道："这怎么能住呢？"焦裕禄听了他的话，真诚地说："这个房子比延安的窑洞强多了。"听了焦裕禄的话，同事们没有再说什么，都愉快地住了下来。

焦裕禄为年轻干部树立了榜样，大家应该向焦裕禄学习，尚俭戒奢，吃苦在前，享受在后。

三

要接过艰苦奋斗的接力棒

中国共产党是靠艰苦奋斗起家的，也是靠艰苦奋斗发展壮大、成就伟业、创造辉煌的。经过一代一代共产党人的艰苦奋斗，中华民族迎来了从站起来到富起来再到强起来的伟大飞跃，这也意味着中华民族站在一个新的历史起点上。

在新的历史起点上，作为党和国家事业接班人的年轻干部责任无比重大，使命无上光荣。年轻干部要履行好责任，完成好使命，必须"接过艰苦奋斗的接力棒，以一往无前的奋斗姿态和永不懈怠的精神状态，勇挑重担、苦干实干，在新时代新征程中留下许党报国的奋斗足迹"。①

---

① 《习近平在中央党校（国家行政学院）中青年干部培训班开班式上发表重要讲话》，新华网，http://www.xinhuanet.com/politics/leaders/2021-03/01/c_1127154621.htm，2021年3月1日。

艰苦奋斗是一种重要的道德品质，是勤劳、勇敢、坚毅、乐观等品德的综合体现。

（一）努力拼搏，永不懈怠

拼搏，是尽自己最大的努力去奋斗，以实现理想和目标。"全面建设社会主义现代化国家、全面推进中华民族伟大复兴"，需要年轻干部努力拼搏，永不懈怠，这样才能不辱使命。

"人生能有几回搏"，这是新中国第一个夺得世界冠军的容国团喊出的口号。全面建设社会主义现代化国家、全面推进中华民族伟大复兴的道路上，不会一马平川，要想实现这一目标，必须拼搏。

年轻干部只有拼搏，才能战胜艰难险阻，克服重重困难；年轻干部只有拼搏，才能不为挫折所打败，不为失败所吓倒；年轻干部只有拼搏，才能屡败屡战，越战越勇，最终到达光辉的顶点。

拼搏能锻炼年轻干部的意志，能锤炼年轻干部的情操，能使年轻干部体味到生活的真谛。

拼搏的过程虽然有时是痛苦的，但通过拼搏而获得成功时，则欢乐是无穷的。

王光国就是一位通过努力拼搏获得快乐的年轻干部。

1971年2月，王光国出生在湖北省建始县龙坪乡店子坪村。店子坪村位于武陵山腹地，平均海拔1200多米，绝壁连片，交通闭塞。"左边石柱河，右边洋芋河，前面梯子河，后面大山坡，祖祖辈辈肩挑背磨像骆驼！"这首民谣是店子坪村的真实写照。修通一条通往村外的公路，是村里人祖祖辈辈的期盼。

2002年，王光国当选为店子坪村支部书记。上任的当天晚上，他就下定了在悬崖绝壁上凿开一条路的决心。说干就干。

买炸药没有钱，他把妻子辛辛苦苦饲养的7头猪全部卖掉，换来四千多块买炸药的钱；村民们对在悬崖绝壁上修路，不相信、不理解，他挨家挨户做大家的思想工作。他告诉村民们："只有路修通我们才有出路！"

王光国坚信"苦熬不如苦干"，"石头再硬，硬不过店子坪人骨头"。就是凭着这坚强的斗志，他带领700多名村民历时10年，在悬崖绝壁上开凿出一条7.5公里的通村公路。路修通的那天晚上，王光国彻夜未眠。

闲暇的时候，王光国总是喜欢站在高处，远眺那条盘旋在绝壁上的公路。他说："那种感觉是幸福，是满足。"幸福快乐都是奋斗出来的，这种理念真实不虚。

（二）勇挑重担、苦干实干

年轻干部要接过艰苦奋斗的接力棒，还必须恪尽职守、勇挑重担、苦干实干。

面对繁重的工作任务，年轻干部要起而行之，迎着繁重的工作任务上，知重负重、攻坚克难，勇挑重担。即便是滚石上山也不放弃。

"滚石上山",是个典故,源自古希腊神话中西西弗斯的故事。西西弗斯是希腊神话中的人物,是科林斯的建立者和国王。神话中说,西西弗斯甚至一度绑架了死神,让世间没有了死亡。最后,西西弗斯触犯了众神,诸神为了惩罚西西弗斯,让他把一块巨石推上山顶。巨石沉重,山坡陡峭,巨石每被推到山顶,旋即又滚落下来。但他毫不气馁,日复一日,不懈坚持,终其一生,都在和这种命运不屈地抗争。

要知道,年轻干部的成长没有捷径可走,如果说有捷径,那就是多捧"烫手山芋",多压"几副重担",在事上多磨,方能健康快速地茁壮成长。

"大事难事险事看担当。"担当,是接受并负起责任。由此而言,它是负责的同义词。是否敢于担当,是年轻干部是否优秀的试金石,是衡量年轻干部境界高低的一把标尺。

在实现中华民族伟大复兴目标的过程中,困难挫折在所难免。这就需要新时代的年轻干部培养不被征服的拼搏精神。即便是逆水行舟,也要劈波斩浪。唯有不被征服,才能战而胜之。

(三)尚俭戒奢,朴素生活

中国共产党人的艰苦奋斗,还体现在尚俭戒奢,朴素生活上。当年在延安毛泽东办公的窑洞里,摆放着的是高低不一的农家桌椅;毛泽东接见客人时吸烟,客人要走了,毛泽东的烟没有吸完，他会把烟头掐灭了，等送完客人回来再接着吸。彭德怀穿的背心是用缴获敌人的降落伞做的；林伯渠的耳朵上用线绳系着断了一只腿的眼镜。

建立新中国之后，虽然物质条件变好了，但老一辈无产阶级革命家依然过着简朴的生活。朱德就是如此。

1957年12月17日，朱德同志曾经写了一篇著名的文章《勤俭持家》。在文章中，朱德同志反复强调："在衣、食、住、行以及日用等方面，无论是现金和物资，凡是可以不花的，就尽量不花；凡是可以少用的，就尽量少用，节省下来的现金和物资，都应当储蓄起来。这样日积月累，就是一个很大的数目。俗话说得好：'一天省一把，十年买匹马。'这样不仅可以解决自己家庭红白喜事、医药卫生等临时开支的需要，还可以为国家积累建设的资金。"

朱德同志的这段话实际上就是他自己生活的真实写照。不管是在艰苦的战争年代，还是富裕的和平时期，他总是俭朴生活。可以不花的，就坚决不花；可以少用的，就坚决少用，而把节省下来的钱全部留给了国家。

他的女儿朱敏回忆说，父亲是我们家中最节省俭朴的人。他的一些衣服、袜子打了许多补丁还继续穿；每顿饭只吃一碗米饭和一些素菜，很少吃荤。

他的儿媳赵力平回忆说，父亲艰苦朴素，从不搞特殊化。他穿的衣服，多是补了又补的。我每次去北京探望他老人家，都要用一部分时间协助工作人员给他老人家缝补衣物。

1974 年的一天，赵力平来北京探望他老人家时，正赶上工作人员给他老人家补被子。他们一见赵力平来了，高兴地喊："真巧啊，老赵同志，快来帮个忙！"

赵力平答应着走过去，一看，补的还是父亲那床盖了 20 多年的被子。她一面和他们动手补起来，一面想："被子补了这么多次了，还不换新的？是不是因为没有布票？"

于是，她就对工作人员说："给委员长买一床新的吧。你们如果没有布票，我可以支援一些。"

工作人员对她说："不是不能买，是首长不让买。首长常说，'衣服、被子只要整齐干净就好。补补能穿能盖，何必买新的？这比过去战争年代好多了。那时，一件衣服得穿多少年！'"

工作人员还告诉她："有一次，首长的衣服实在太破了，我们给做了新的。结果受了批评。首长说：'衣服破了，补好了可以穿嘛。给国家节约一寸布也是好的。'"

俭朴的朱德委员长一生积攒了二万元钱。对这二万元钱，他多次郑重地叮嘱警卫员："我只有二万元存款。这笔钱，不要分给孩子们，不要动用。你一定要告诉康克清同志，把它交给组织，做我的党费。"

1976 年 7 月 6 日，为中国人民解放事业操劳了一生的朱德总司令与世长辞了。

根据他生前的嘱托，他的夫人康克清同志，将他生前省吃俭用积蓄下来的二万元钱，全部交给了党组织。

年轻干部应该向朱德同志学习，尚俭戒奢，朴素生活。

"欲为清白吏，必自节用始。"这是清代乾、嘉时期的良吏汪辉祖所言。"廉为官之本，俭为廉之基"，也是人们常说的一句话。廉洁是做官的根本，节俭可以培养廉洁的品行。

朴素生活是年轻干部抵御诱惑的重要路径。选择什么样的生活方式就选择了什么样的成长道路。现在一些年轻干部"早节不保"，走上犯罪的道路，几乎都是从追求奢靡生活开始的。他们理想信念丧失或动摇，贪图安逸享乐，欲壑难填，最后走上了犯罪的道路。

《中国共产党廉洁自律准则》（以下简称《准则》）第三条规定，"坚持尚俭戒奢，艰苦朴素，勤俭节约"。年轻干部要严格按照《准则》的要求去做，否则，就将受到党纪处分。《中国共产党纪律处分条例》第一百三十四条规定："生活奢靡、贪图享乐、追求低级趣味，造成不良影响的，给予警告或者严重警告处分；情节严重的，给予撤销党内职务处分。"

"我们一定要牢记'奢靡之始，危亡之渐'的古训，对作风之弊、行为之垢来一次大排查、大检修、大扫除。"这是2013年6月18日习近平总书记在党的群众路线教育实践活动工作会议上的讲话中对全党提出的要求，年轻干部应当按照这一要求去做。

"奢靡之始，危亡之渐"这一古训出自北宋欧阳修等编撰的《新唐书》中的《褚遂良传》。褚遂良是唐朝著名的政治家、书法家，"奢靡之始，危亡之渐"是他给唐太宗的谏言，此话的意思是说，奢靡的开始就是国家危亡的征兆。国家如此，一个人也是这样。

请看中国科协原党组成员陈刚是怎样走向犯罪道路的。2019 年 7 月 11 日，中央纪委国家监委网站通报了"中国科协原党组成员、书记处书记陈刚严重违纪违法被开除党籍和公职"的情况。

通报说："经查，陈刚政治上蜕变，丧失党性，毫无信仰，毫无敬畏，对党不忠诚不老实，搞两面派、做两面人，对抗组织审查，不如实说明问题，搞迷信活动；严重违反中央八项规定精神，利用职权建造供个人享乐的豪华私家园林，弄虚作假，违规多占住房，违规出入、独占私人会所，长年无偿占用酒店豪华套房，接受可能影响公正执行公务的旅游安排；经济上极度贪婪，长期利用规划审批的重要职权大肆敛财，为亲属经营活动谋取利益，大搞权钱交易，收受巨额贿赂；生活上极度腐化奢靡，道德败坏，肆无忌惮追求个人享乐，严重败坏党的形象。"

通报中所指出的，诸如"利用职权建造供个人享乐的豪华私家园林，弄虚作假，违规多占住房，违规出入、独占私人会所，长年无偿占用酒店豪华套房，接受可能影响公正执行公务的旅游安排"等问题，都是奢靡之始，他也因此而走向了毁灭。

2021 年 2 月 5 日上午，江苏省南京市中级人民法院一审公开宣判陈刚受贿案，对被告人陈刚以受贿罪判处有期徒刑十五年，并处罚金人民币五百万元。

第八章

上好党性修养
这门必修课

习近平总书记指出：『党性是党员干部立身、立业、立言、立德的基石，必须在严格的党内生活锻炼中不断增强。』这段话明确地说明了党性的重要作用以及如何增强党性的问题。年轻的党员干部要茁壮健康成长，走好仕途之路，必须上好党性修养这门必修课。

党性修养是保持先进性纯洁性所必需

修养，是个人思想品德、意识方面的修炼、养成和提升。

刘少奇同志在《论共产党员的修养》中说："一个人要求得进步，就必须下苦功夫，郑重其事地去进行自我修养。"[①] "不但要在艰苦的、困难的以至失败的革命实践中来锻炼自己，加紧自己的修养，而且要在顺利的、成功的、胜利的革命实践中来锻炼自己，加紧自己的修养。"[②] 年轻的党员干部要求得进步必须加强党性修养。

---

① 《论共产党员的修养》（1939 年 7 月），《刘少奇选集》上卷，人民出版社 1981 年版，第 109 页。

② 《论共产党员的修养》（1939 年 7 月），《刘少奇选集》上卷，人民出版社 1981 年版，第 101—102 页。

（一）重视自我修养是中华民族的传统

我国自古以来就有重视自我修养的传统。《礼记·大学》中云："古之欲明明德于天下者；先治其国；欲治其国者，先齐其家；欲齐其家者，先修其身；……身修而后家齐，家齐而后国治，国治而后天下平。"

历览前贤，无不看重培养高尚道德的自我修养行为。孔子的弟子曾子有"吾日三省吾身"之说；我国古代的哲人、封建士大夫亦将"修身"与"齐家、治国、平天下"看得同样重要。

孔子，人称圣人。他是天生的圣人吗？非也。孔子自己都不承认自己是天生的"圣人"。他总结自己的修养过程时说："吾十有五而志于学，三十而立，四十而不惑，五十而知天命，六十而耳顺，七十而从心所欲，不逾矩。"（《论语·为政》）孔子的这段话说的就是他自身修养的全过程。

由孔子的这段话可知，孔子的一生都是持之以恒地进行学习并加强自我修养，并每隔一段时间就有新的进步，到了晚年达到了最高境界。

孟子，人称"亚圣"。他认为，在历史上担当"大任"起过作用的人物，都要经过一个艰苦磨炼的过程，这就是"天将降大任于斯人也，必先苦其心志，劳其筋骨，饿其体肤，空乏其身，行拂乱其所为，所以动心忍性，增益其所不能。"

在孟子看来，上天将要把历史重任交给这个人的时候，一定先要使他的内心痛苦，使他的筋骨劳累，使他经受饥饿，以致肌肤消瘦，使他身受贫困之苦，所行不顺，使他所做的事情颠倒错乱，借以撼动他的心志使他性情更加坚韧，以增加他原来不具备的能力。

（二）重视党性修养是我党的优良传统

尽管我国自古以来就有重视自我修养的传统，但共产党员的自我修养与古人的自我修养有着根本的不同。共产党员是用党性来修养自身。

共产党员作为生存于社会中的人，党性并不是与生俱来的，而是按照党性的要求逐步学习、培养、锻炼出来的，由此就产生了党性修养。

党性修养，是共产党员通过学习、锻炼使其思想、行为符合党的性质要求的过程，是政治素质养成的过程。

重视用党性来修养自身是党的优良传统。早在1941年1月中共中央在有关决定中就提出要加强全党的"党性教育和党性学习，决不可轻视这个绝大的问题"。

1941年7月1日，在中国共产党成立20周年之际，中共中央政治局在延安通过了《中共中央关于增强党性的决定》。这是建党以来首份由中央政治局通过的以增强党性为主题的文件，在党的建设史上有着重要的意义，也产生了积极和深远的影响。

　　党的历届主要领导人也都从不同的角度论述过党性问题，强调加强党性修养的重要性。

　　毛泽东同志指出："反科学的反马克思列宁主义的主观主义的方法，是共产党的大敌，是工人阶级的大敌，是人民的大敌，是民族的大敌，是党性不纯的一种表现"。他还说："有实事求是之意，无哗众取宠之心。这种态度，就是党性的一种表现，就是理论和实际统一的马克思列宁主义的作风。这是一个共产党员起码应该具备的态度。"①

　　党的十一届三中全会之后，邓小平同志反复强调，共产党人不能搞派性，而要讲党性。他指出："我们现在对于人们的思想状况、政治状况比较清楚，能够看出来哪些人是拥护党的路线的，哪些人是不搞派性、讲党性的。党性也包括联系群众、艰苦朴素、实事求是等等。选干部，标准有好多条，主要是两条，一条是拥护三中全会的政治路线和思想路线，一条是讲党性，不搞派性。"②

　　2009年3月1日，时任中共中央党校校长的习近平同志出席中央党校春季学期开学典礼并作重要讲话。他在讲话中强调："坚强的党性，是成为高素质领导干部的首要条件。"

　　党的十八大以来，习近平总书记更是多次强调，党性教育

---

① 《改造我们的学习》（1941年5月19日），《毛泽东选集》第3卷，人民出版社1991年版，第801页。

② 《思想路线政治路线的实现要靠组织路线来保证》（1979年7月29日），《邓小平文选》第2卷，人民出版社1994年版，第192页。

是共产党人修身养性的必修课，是共产党人的"心学"。培养"好干部"，必须抓住党性教育这个核心。

（三）年轻干部加强党性修养的重要性

2013年6月全国组织工作会议在北京召开。6月28日，习近平总书记出席会议并发表了重要讲话。他在讲话中指出："好干部不会自然而然产生。成长为一个好干部，一靠自身努力，二靠组织培养。"习近平总书记所说的"自身努力"，最重要的一个方面就是要加强党性修养。

任何人的成长成才都不是自然而然的，党的年轻干部也不例外。党的年轻干部只有通过党性修养，用党性的标准要求来不断地发现自己原来不正确的思想、习惯和成见，并加以改正，才能提高自己的思想觉悟，才能保持无产阶级先锋战士的先进性和纯洁性，成为一名合格的、优秀的年轻干部。

先进性是一个相对的概念，是一事物相对于其他事物所表现出来的优良特质。政党作为特定阶级利益的集中代表者，作为为特定阶级利益而进行斗争的政治组织，其先进性就是相对于这一特定阶级的普通成员和其他政治组织所表现出来的优良特质。

中国共产党作为工人阶级的政党，其先进性就是代表着中国先进生产力的发展要求，代表着中国先进文化的前进方向，

199

代表着中国最广大人民的根本利益。

纯洁，是指纯正清白，没有污点，没有私心。党的纯洁性，是指党组织、党员领导干部、普通党员在日常工作和生活中所表现出来的纯正清白品质。

纯洁性是无产阶级政党一贯的价值追求和行为准则。保持党的纯洁性，是中国共产党建设的永恒主题。

在党内最早明确提出"纯洁"概念的是陈云同志。1940年他在延安撰写的《党员对党要忠实》一文中指出："我们所说的纯洁，主要的不是年幼龄轻、没有社会关系、单纯的纯洁，而是指在复杂动荡的环境中忠心为共产主义坚持奋斗的纯洁。"①

1945年，毛泽东同志也明确指出，要夺取全国革命的胜利，"就要有一个有纪律的、思想上纯洁的、组织上纯洁的党。"

党的先进性和纯洁性需要共产党员的先进性和纯洁性来体现。这就要求党的年轻干部能加强党性修养，以更好地践行"三个代表"，保持自身的纯正清白品质，忠心地为坚持共产主义而奋斗。

---

① 《党员对党要忠实》（1940年），《陈云文选》（1926—1949年），人民出版社1984年版，第134页。

二

年轻干部要强化共产党员的角色意识

"强化共产党员的角色意识"，就是要求党员年轻干部通过党性修养来强化或唤醒自身的党员角色意识，始终不要忘记自己是一名共产党员。

强化共产党员的角色意识，需要对"中国共产党党员是中国工人阶级的有共产主义觉悟的先锋战士"这一称号有更深刻的认知。

（一）共产党员是神圣的责任

中国共产党是伟大、光荣、正确的党。因此，共产党员作为其组织中的一员，无疑是非常光荣的。但要知道，共产党员不仅是一个光荣的称号，更是一种神圣的责任。

共产党员的光荣称号不是空喊出来的，而是千千万万共产党员不屈不挠、前仆后继，可歌可泣、艰苦卓绝斗争的结果。他们"未惜头颅新故国，甘将热血沃中华"。

在中国革命史上，镌刻着他们不朽的名字。中国革命女杰向警予，东北抗日女英雄赵一曼，著名的江姐——江竹筠，中国的普罗米修斯李大钊，"农民运动的大王"彭湃，等等。无数的先烈用他们的生命和鲜血铸就了共产党员这一光荣的称号。

共产党员的光荣称号不是自我标榜的，而是千千万万共产党员用他们的实际行动赢得的。

他们"埋头苦干，艰苦奋斗"。如大庆的"铁人"王进喜。

1960 年 3 月，王进喜奉命从玉门油田带领 1205 钻井队前往大庆。他和全队职工日夜兼程，千里迢迢来到萨尔图。下火车后，他一不问吃，二不问住，找到油田生产调度室首先问："我们队的钻机到了没有？钻井的井位在哪里？这里的钻井最高纪录是多少？"

得知井位在马家窑附近，他立即带队步行两个多小时来到井场。当天夜里，全队 33 人就住在当地农村的马厩里、牛棚里，有的就在野外风餐露宿。

钻机到站后，汽车和拖拉机还没有运到。钻井设备重达 60 吨，无法卸车、搬运和安装。王进喜没有向上级伸手，而是要求全队职工"有条件要上，没有条件创造条件也要上！""只能上，不能等，只准干，不准拖！"他带领职工把钻机化整为零，使用撬杠和棕绳，人拉肩扛，把五六十吨重的钻机部件卸下火车。然后，又用人拉肩扛，装卸汽车，把钻机和设备从车站运到马家窑附近的萨55井（铁人第一口井，也叫萨55井，是王进喜率领1205钻井队到大庆后打的第一口油井）安装设备，竖起了井架。

初春的大庆，寒风刺骨，滴水成冰，参加会战的石油大军所遇到的困难，是史无前例的。王进喜发出了惊天动地的呼唤："宁可少活20年，拼命也要拿下大油田。"王进喜吃在井场，住在井场，饿了啃几口干粮，困了枕着钻头躺在成排的钻杆上休息一会。开钻时，需要用大量的水调制泥浆，但当时既没有铺设供水管线，水罐车也很少，他不等不靠，带领职工从一里外的水泡子破冰取水，用脸盆端了50多吨，保证了萨55井4月14日提前开了钻。他们只用了5昼夜零4小时，就打出了大庆油田第一口生产井。从安装钻机到他们钻的第一口井完钻，王进喜一连七天七夜不下"火线"。当地的老乡感动地说："王队长可真是铁人啊!"从此，"铁人"这个名字，传遍了整个大庆油田。①

他们"吃苦在前、享受在后"。如老一辈无产阶级革命家任弼时同志。

凡是和任弼时同志一起工作或生活过的人，都知道他有三怕：一怕工作少，二怕麻烦人，三怕用钱多。因此，他带病忘我工作，能自己做的事，就自己做好，并且为革命节约每一个铜板。人们称赞他是"党和人民的骆驼"。

---

① 杨春贵主编：《中国共产党艰苦奋斗100例》，中共中央党校出版社2003年版，第160—161页。

共产党员的光荣称号不是空降下来的，而是千千万万共产党员用他们的先锋作用获得的。

他们在日常的工作、学习和社会生活中严格地要求自己，吃苦在前，享受在后，处处率先垂范，事事以身作则，人民群众一眼就能看出谁是一名共产党员。

他们在困难的时刻，能迎着困难上，在党和人民需要的时候能勇挑重担。党的优秀干部焦裕禄同志就是这样的共产党员。

兰考在历史上是多灾多难的地方。焦裕禄同志到兰考的1962 年，正是兰考遭受连续三年自然灾害最严重的一年。

风沙打毁了 21.4 万亩麦子，秋天的涝灾又淹死了 30 多万亩庄稼，盐碱地碱死了 10 万亩青苗，全县的粮食产量仅有5000 万斤，下降到历史的最低水平。全县 36 万人，灾民就有193000 人。

早在 1962 年的春天，河南省委、开封地委就物色干部到兰考去，但一直没有物色到合适的人选。物色到了合适的人选，却又遭到拒绝。正是在这种情况下，上级领导的眼光注意到了焦裕禄。上级领导告诉他，兰考是全地区最苦、最穷、最困难的一个县。

面对这"三个最"，焦裕禄没有半点犹豫。他坚定地表示："感谢党把我派到最困难的地方。越是困难越磨炼人。请地委放心，不改变兰考面貌，我决不离开那里。"

到了兰考，焦裕禄给自己写了一幅字："拼上老命大干一场，决心改变兰考面貌。"

（二）共产党员是无私的奉献

共产党员作为无产阶级先锋队中的一员，无疑是一种荣誉。但事实上，她不仅是一种荣誉，更是无私的奉献。《中国共产党章程》（以下简称《党章》）明确规定："中国共产党党员永远是劳动人民的普通一员。除了法律和政策规定范围内的个人利益和工作职权以外，所有共产党员都不得谋求任何私利和特权。"

共产党员的荣誉，不是与生俱来的，她是千千万万共产党员的无私奉献成就的。

他们为党和人民的事业奉献鲜血与生命。董存瑞的外甥艾冬就是其中的一位。

2020年2月22日凌晨，北京市公安局法制总队信访支队民警艾冬因急性脑出血不幸牺牲在抗击新冠疫情防控的第一线，年仅45岁。

据媒体报道，"自疫情防控阻击战打响以来，作为北京市公安局12345'接诉即办'工作负责人，艾冬始终冲在前、干在先，和同志们一起加班加点，共办理各类群众诉求近万件，办理疫情类派单320余件，无一疏漏"。

共产党员的荣誉是千千万万共产党员用辛勤的汗水写就的。他们有一分热，就发一分光。有一分力，就尽一分情。

共产党员的荣誉，是千千万万共产党员用生命和鲜血铸就的。他们在危险面前毫不畏惧，敢于挺身而出，英勇斗争，不怕牺牲，"我以我血荐轩辕"。谭千秋就是这样的共产党员。

谭千秋生前是东方汽轮机厂所属东汽中学学生工作处主任，四川省特级教师。2008年5月12日，四川汶川发生强烈地震时，他正在给学生们上课。

地震发生之后，他迅速组织同学们向楼下疏散。当他得知有几个学生还没有离开教室时，他又立即冒着生命危险返回去救援。

危急时刻，他奋不顾身扑了上去，用双臂将高二（一）班的4名学生紧紧地掩护在身下。

5月13日晚上，当人们从废墟中将他的遗体扒出来时，他的双臂还是张开的，趴在讲台上。

"我侄女是高二的学生，要不是有他们老师在上面护着，这4个娃儿一个也活不了！"被救女生刘红丽的舅舅对记者说。

法国著名文学家雨果曾经说过："献身的人是伟大的！"谭千秋就是这种伟大的人。

（三）共产党员是神圣的使命

共产党员是一种政治身份。这种政治身份是神圣的使命，是庄严的承诺。

一个人在成为预备党员的时候，他必须面对党旗进行入党宣誓。共产党员的入党誓词就是对党作出的庄严承诺。

共产党员必须拥护党的纲领，遵守党的章程，履行党员义务，执行党的决定，严守党的纪律，保守党的秘密，对党忠诚，积极工作，为共产主义奋斗终身，随时准备为党和人民牺牲一切，永不叛党。这些都是共产党员的神圣使命。

一个人要成为中国共产党党员，他必须是具有共产主义觉悟的先锋战士，在生产、工作、学习和一切社会活动中起到先锋模范作用。只有在这些方面起到先锋模范作用，即平常时期看得出来，关键时刻站得出来，生死关头豁得出来，利益面前超脱出来，他才能具有共产党员的身份。

共产党员的身份，是义务担当。一个人要成为中国共产党党员，他必须按照《中国共产党章程》（以下简称《党章》）的要求来书写自己的历史。

按照《党章》的要求来书写自己的历史，就是要履行党员的义务。党员的义务，是党组织对党员的基本要求，是党员对党组织和党的事业应尽的责任。

党员的义务就是党员的责任，就是党员的行动标准。党员的身份，标明了一个人的政治属性。作为中国共产党党员，党的全心全意为人民服务的宗旨以及实现共产主义理想的目标追求，决定了其身份就是一种使命。

使命，就是任务，就是责任。这就是说，共产党员的身份承载着党和人民的殷切期望，承载着党和人民的重托，承载着实现中华民族伟大复兴的历史使命，承载着履行全心全意为人民服务宗旨、推进共产主义目标实现的重任。

三

年轻干部要主动自觉地进行党性修养

一个人在组织上入了党，只说明他初步具备了共产党员的基本条件。而要成为一个合格的、成熟的、真正的共产党人，还要经过长期的实践锻炼和自觉的党性修养。

（一）在学习中不断提高

党的年轻干部在学习中提高党性修养，首先要明确学什么、怎么学的问题。学什么？

学习马克思主义理论。理论作为一种揭示、反映客观事物规律的科学体系，与实践有着密不可分的联系。它来源于实践，又对实践起指导作用。科学的理论，可以指导人们正确认识和解决社会活动中出现的各种复杂的情况和问题；可以帮助人们深刻地、准确地理解党的路线、方针、政策，自觉地、创造性地贯彻执行；可以提高人们探索解决新的政治经济社会文化基本问题的本领。总之，人们的行动，如果没有科学的理论指导，必然陷入盲目。

作为党员年轻干部，其行动，尤其离不开科学理论的指导。这正如列宁同志所指出的："没有革命理论，就不会有坚强的社会主义政党，因为革命理论能使一切社会主义者团结起来。他们从革命理论中能取得一切信念，他们能运用革命理论来确定斗争方法和活动方式。"习近平总书记也强调说："党员、干部学习，要正确把握学习的方向，否则就容易陷入盲目状态甚至误入歧途。"

党员年轻干部正确把握学习的方向，就要认真学习马克思主义理论，把这一理论作为看家本领来学习。当前，最重要的是学习习近平新时代中国特色社会主义思想。

学习党章党规党纪。党章是党的根本大法，是党的总规矩，也是全体党员言行的总规矩和总遵循。党员年轻干部在学习中提升党性修养，党章是学习中必须贯穿的一条主线。

2016 年 4 月 24 日至 27 日，习近平总书记在安徽调研时指出："学习党章是全体党员的基本功，这个功课要经常做。学习党章不仅要原原本本学、反反复复学，做到知其然，而且要联系实际学、深入思考学，做到知其所以然。"全党学习贯彻党章的水平，决定着党员队伍党性修养的水平。同样的道理，一个党员年轻干部学习执行党章的水平，决定着他的党性修养水平。

党员年轻干部除了学习党章这个总规矩，还要学习党规党纪，以此来规范自身的言行。

学习各种科学文化知识。德国的克劳塞维茨在其《战争论》中指出："人的智力是通过他所接受的知识和思想培养起来的。"的确，离开各种科学文化知识的积累，脱离各种科学文化知识的依托，是谈不上智力的开发、智慧的生成、修养的提升的。因此，党员年轻干部加强党性修养，也需要学习各种科学文化知识，包括法律法规知识。正如习近平总书记2013年3月1日在中央党校建校80周年庆祝大会暨2013年春季学期开学典礼上的讲话中所说："学史可以看成败、鉴得失、知兴替；学诗可以情飞扬、志高昂、人灵秀；学伦理可以知廉耻、懂荣辱、辨是非。我们不仅要了解中国的历史文化，还要睁眼看世界，了解世界上不同民族的历史文化，去其糟粕，取其精华，从中获得启发，为我所用。"怎么学?

习近平总书记指出，马克思主义是共产党人的"真经"。学习马克思主义基本理论是共产党人的必修课，并且这门必修课没有结业式，只有进行时。党员干部要真学、真信、真用马克思主义，做到学思用贯通，知信行统一，不断发扬理论联系实际的马克思主义学风。

"真学、真信、真用"，就是学习态度的问题。态度决定着学习效果。在学习中提升党性修养水平，必须端正学习态度。

第一，真学。真学，就是要真心地学习。党员年轻干部要系统地掌握马克思主义基本理论，老老实实、原原本本地学习马克思列宁主义、毛泽东思想、邓小平理论、"三个代表"重要思想、科学发展观，特别是习近平新时代中国特色社会主义思想，学习党章党规党纪，在读原著、学原文、悟原理上下功夫。

第二，真信。真信，是在真学基础上形成的思想收获。真学了，而且懂得了其中的精髓，把握了其中的科学原理，并形成了坚定的政治信仰，而这种坚定的政治信仰又能成为党员年轻干部为实现伟大理想而奋斗的精神动力。党员年轻干部学习马克思主义理论，必须真信，才能真用，同时也是对真学的检验。

第三，真用。2013年3月1日习近平总书记在中央党校建校80周年庆祝大会暨2013年春季学期开学典礼上的讲话中指出，领导干部加强学习，根本目的是增强工作本领、提高解决实际问题的水平。"空谈误国，实干兴邦"，说的就是反对学习和工作中的"空对空"。战国赵括"纸上谈兵"、两晋学士"虚谈废务"的历史教训，大家都要引为鉴戒。读书是学习，使用也是学习，并且是更重要的学习。领导干部要发扬理论联系实际的马克思主义学风，带着问题学，拜人民为师，做到干中学、学中干、学以致用、用以促学、学用相长，千万不能夸夸其谈、陷于"客里空"。

习近平总书记的这段话强调的就是要学以致用。党员年轻干部学习马克思主义理论，学习党章党规党纪，学习其他方面的科学文化知识，不是为了学而学，而是为了应用而学习，要坚持内化于心，外化于行，在知行合一上下大功夫。

理论的作用在于指导实践，学习的目的全在于应用。衡量理论学习的成效，最终要看是否能学以致用，用有所成。中国特色社会主义理论体系之所以具有强大的生命力、创造力和感召力，根本在于这一理论体系来自中国实际，具有中国特色，能够对中国管用，能够解决中国问题。而要把中国特色社会主义事业实实在在向前推进，最关键的还是要把我们在实践中形成的马克思主义中国化、时代化的最新理论成果在实践中得到贯彻落实。否则，再好的理论也只是空中楼阁；再好的思路也能是纸上谈兵；再好的认识也没有实际意义。只有真用，才是真学真信。

（二）在实践中自觉磨炼

实践性，是党性修养的一个鲜明的特征。社会实践活动是党员年轻干部锤炼党性修养的重要平台。党员年轻干部只有在社会活动实践中不断磨炼、摔打、探索，才能把理论学习和实践磨炼统一起来，从而加强党性修养。"一语不能践，万卷徒空虚"。党员年轻干部加强党性修养必须经过实践磨炼。

第一，积极参加伟大斗争的实践。我们现在正在进行新的历史长征，正在进行一场具有许多新的历史特点的伟大斗争，世界正经历百年未有之大变局。这场具有长期性、复杂性和艰巨性的伟大斗争，既是对党员年轻干部党性的考验，也是对党员年轻干部党性的锤炼。党员年轻干部在这场伟大斗争中，要"更加自觉地坚持党的领导和我国社会主义制度，坚决反对一切削弱、歪曲、否定党的领导和我国社会主义制度的言行；更加自觉地维护人民利益，坚决反对一切损害人民利益、脱离群众的行为；更加自觉地投身改革创新时代潮流，坚决破除一切顽瘴痼疾；更加自觉地维护我国主权、安全、发展利益，坚决反对一切分裂祖国、破坏民族团结和社会和谐稳定的行为；更加自觉地防范各种风险，坚决战胜一切在政治、经济、文化、社会等领域和自然界出现的困难和挑战。"[1]

第二，在斗争实践中进行自我修养。刘少奇同志在《论共产党员的修养》中指出："革命者要改造和提高自己，必须参加革命的实践，绝不能离开革命的实践；同时，也离不开自己在实践中的主观努力，离不开在实践中的自我修养和学习。如果没有这后一方面，革命者要求得自己的进步，仍然是不可能的。"[2]他还举例说："我们共产党员中有许多人是经过万里长征的，这对于他们是一次严重的锻炼，其中的绝大多数党员都得

---

[1]　习近平：《决胜全面建成小康社会　夺取新时代中国特色社会主义伟大胜利——在中国共产党第十九次全国代表大会上的报告》，人民出版社，2017 年 10 月 18 日。

[2]　《论共产党员的修养》（1939 年 7 月），《刘少奇选集》上卷，人民出版社 1981 年版，第 99 页。

到了很大的进步。"①

党员年轻干部要像刘少奇同志在《论共产党员的修养》中所强调的："必须经过长期革命斗争的锻炼，必须在广大群众的革命斗争中，在各种艰难困苦的境遇中，去锻炼自己，总结实践的经验，加紧自己的修养，提高自己的思想能力，不要使自己失去对于新事物的知觉，这样才能使自己变成品质优良、政治坚强的革命家。"②

（三）在自觉改造中涵养

党员年轻干部加强党性修养，离不开自我改造这一路径。自我改造的过程就是自我反省、自我净化、自我完善、自我提高的过程。

第一，自我反省。关于自我反省，高尔基有一句名言："反省是一面莹澈的镜子，它可以照见心灵上的玷污。"

党员年轻干部善于自我反省，才能看到自身存在的不足，然后才能加以改进。如何反省自己？就是要对照《党章》、党规党纪，对照习近平总书记对党员的要求，检查反省自己在思

---

① 《论共产党员的修养》（1939 年 7 月），《刘少奇选集》上卷，人民出版社 1981 年版，第 100 页。

② 《论共产党员的修养》（1939 年 7 月），《刘少奇选集》上卷，人民出版社 1981 年版，第 100—101 页。

想、工作和作风等方面的情况。具体说来，重点要检查反省以下几方面的问题：

检查反省思想。看马克思主义信仰、共产主义理想、社会主义信念是否坚定。信仰、理想、信念是共产党员的精神支柱、奋斗目标。如果精神支柱、理想信念发生了动摇或缺失，将是危险的开始。

检查反省行为。看是否廉洁奉公，是否遵纪守法，是否履行了党员的义务。党员年轻干部必须廉洁奉公、遵纪守法、履行党员的义务。

检查反省作风。看是否实事求是，是否密切联系群众，是否勇于开展批评和自我批评。实事求是、密切联系群众、勇于开展批评和自我批评是我党的三大作风，党员年轻干部要身体力行。

党员年轻干部要向彭德怀同志学习，勇于反省自己。彭德怀同志常说，我是每月一省吾身。不论怎样忙，每月总要抽出半天时间，把自己做过的事情认真地检讨一番，看哪些做对了，哪些做错了，以便少犯错误或不犯错误。

彭德怀同志这种可贵的自省精神，贯穿在他整个的生命旅程中。即使是在他晚年，并遭受到不公正的待遇的情况下，他还反省自己在西北战场的经验教训，认为自己在西北战场指挥上有过两次错误。

"第一次错误，是在1947年10月下旬，打下清涧，活捉了蒋部师长廖昂后。陕北气候寒冷，部队经过半年多的紧张战斗，应该就在清涧、延长线进行整训，不要再去打榆林了。结果围攻榆林近月未下，妨害部队修整训练。如不再打榆林，新式整军可以多搞一个半月，成绩会更大些。我在作战指挥上有一个优点，就是不满足于已得胜利；但求之过急，就变成了缺点，而且屡戒屡犯，不易改正。第二次打榆林，只是想到中央在米脂、绥德一带不安全，打下榆林就放心了，未考虑其他方面。"

"第二次错误是在瓦子街战役大胜后。进占陇东、邠州，截断了西兰公路之后，应当集结兵力，进行修整，争取教育瓦子街战斗中的大批俘虏。但当时想乘胜进攻宝鸡，破坏胡宗南后方，缩短西北战争时间。这就是思想上的急躁病，产生了轻敌思想。结果胡宗南采取了异常迅速的手段，从延安、主要是从河南调集最大的兵力，和青海马继援部一起向我夹击。我撤出宝鸡后，搞得很疲劳；因为过度疲劳，使本来可以歼灭之敌而未能歼灭。这样的教训在我的战斗中，过去有过几次，但都没有这次深刻。过急求成，在思想上是主观主义，在行动上是冒险主义，而且往往发生于连续大胜之后。"

正是这种可贵的自省精神，使他胜不骄，败不馁，始终保持着谦虚谨慎、密切联系群众的优良作风。

再看北宋观文殿学士赵概的自省故事。他在案头摆放一个瓶子以及黑白两种豆子。"起一善念，投一白豆于瓶；起一恶念，投一黑豆于瓶"。以此来检验自己一天的进步与过失。刚开始的时候，黑豆很多。后来，随着他时时内省、改过迁善，瓶中的白豆越来越多，黑豆越来越少。最终，赵概以高德之士闻名。

保加利亚共产党领袖格奥尔基·季米特洛夫 (1882 年 6 月 18 日—1949 年 7 月 2 日) 也说过："要找出时间来考虑一下，一天中做了什么，是正号还是负号，假如是正号很好。假如是负号，那就采取措施。"

第二，自我净化。自我净化，是过滤杂质、清除毒素、割除毒瘤。党员年轻干部自我净化，就是要针对自我反省存在发现的问题，把它改正掉，纠正好。

第三，自我完善。自我完善，是修复肌体、健全机制，补齐短板。党员年轻干部的自我完善，就是要破除一切不合时宜的旧思想、旧观念，改掉不符合党性要求的坏习惯、坏行为，用正确的思想武装头脑，用正确的价值观矫正自己的价值取向。把自身的弱项增强，把短板补齐，使自己成为一个合格的党员年轻干部。

第四，自我提高。自我提高，是提高境界，提高素养，提高水平。党员年轻干部的自我提高，就是要通过学习马克思主义理论，尤其是学习习近平新时代中国特色社会主义思想，积极主动参加社会实践活动，让自己的境界更臻完善、素养更臻增强，水平更臻卓越，永远保持着锐意进取的精神风貌。

"四个自我"是党员年轻干部在自我改造过程中不可缺失的重要路径，而且需要党员年轻干部持之以恒，久久为功，使之成为一种习惯。

（四）在自我管理中成长

党员年轻干部加强自我修养，还需要"自重、自警、自励"。这是自我管理的重要路径。

第一，自重。自重，就是要尊重、重视自己的名誉；尊重、重视自己的人格形象。宋代人林逋在其《省心录》中说："不自重者取辱，不自畏者招祸。"这话说得非常深刻。一个不自重的人是自取其辱。

党员年轻干部尊重、重视了自己的名誉和人格形象，才能不苟且、不放纵，才能固守自己的高尚情操和精神家园，不会为"身外之物"低下高贵的头。

党的优秀信访干部吴天祥有一句话很令人感动。吴天祥经常帮助别人，那些得到过他帮助的人，总想给他回报。但他却拒绝一切请吃，拒收一切礼品。他说："我要是收了别人一分钱，我自己就不值一分钱。"

话很朴实，但显现的却是高尚的情操，高尚的人格。这就是自重的最好诠释。

第二，自警。自警，就是要时常警示和告诫自己，自己给自己提个醒。古时候的座右铭就是警示和告诫自己的一种形式。例如：

南宋时期资政殿学士留耕道人王伯大的《四留铭》："留有余，不尽之巧以还造化；留有余，不尽之禄以还朝廷；留有余，不尽之财以还百姓；留有余，不尽之福以还子孙。"

党员年轻干部至少应该在以下几个方面时常警示和告诫自己：在私利面前别伸手，在美色面前别动心，在权势面前别贪婪，在困难面前别退缩，在荣誉面前别自满，在群众面前别装腔，在工作面前别推诿。

第三，自励。自励，就是不忘用远大的理想、高尚的道德和英雄先进人物来激励自己，培养"大公无私、服从大局、艰苦奋斗、廉洁奉公"等浩然正气，抵御歪风邪气，同各种腐败现象作斗争。

榜样的力量是无穷的。党员年轻干部应该见贤思齐，时时处处学习英雄先进人物的事迹，并用他们的事迹来激励自己。

中国共产党从新民主主义革命时期到社会主义革命和建设时期、再到改革开放和社会主义现代化建设新时期，以至中国特色社会主义新时代涌现出许许多多的英雄先进人物。李大钊、向警予、杨靖宇、江竹筠、雷锋、王进喜、焦裕禄、孔繁森、杨善洲、郑培民、黄文秀、郭明义、吴天祥，等等，他们的名字熠熠生辉，他们的事迹直击人的心灵。他们是党员年轻干部永远学习的榜样。

最后强调一句话：党员年轻干部的党性修养，不是一时一处，而必须是时时处处，党性修养永远在路上。

第九章

培育积极健康的
生活情趣

「年轻干部要时刻警醒自己，培育积极健康的生活情趣，坚决抵制享乐主义、奢靡之风，永葆共产党人清正廉洁的政治本色。」这是2021年3月1日，习近平总书记在2021年春季学期中央党校（国家行政学院）中青年干部培训班开班式上对年轻干部提出的要求。年轻干部要按照习近平总书记的要求去做，保持严肃的生活作风，培育积极健康的生活情趣。

一

生活作风绝不是小事

年轻干部的生活作风，是年轻干部在日常生活中所形成的
生活态度和行为模式，是年轻干部的道德观念、人格品质和文
化素养在日常生活中的综合反映，是年轻干部的世界观、人生
观、价值观在日常生活中的直接表现。由此可知，年轻干部的
生活作风绝不是小事。

（一）关乎党的根本宗旨的实践

年轻干部生活作风的好坏直接关系到党的根本宗旨的具体
实践。

全心全意地为人民服务是我们党的根本宗旨，也是每一位

共产党人的人生最高追求。作为党的年轻干部，其人生价值观与党的根本宗旨应该是完全一致的。而作为人们对人生的目的和意义的根本看法和态度的人生价值观，是通过人生的理想、态度、行为等各个方面体现出来的。换一句话说，就是一个人的生活作风如何，直接反映了他在实际生活中的价值取向和精神追求，是他的人生价值观的现实表现。

对于年轻干部来说，生活作风不仅反映出他的思想情操和道德品质，更重要的是它还能反映出他是否真正以自己的全部生命来实现党的根本宗旨。所以，年轻干部的生活作风绝不是个人的私事，也绝不是无关轻重的小节，而是关系到党的根本宗旨的具体实践问题。

在孔繁森的葬礼上，悬挂着一副挽联："一尘不染，两袖清风，视名利安危淡似狮泉河水；两离桑梓，独恋雪域，置民族团结重如冈底斯山。"这副挽联形象地概括了孔繁森清正廉洁的一生，也道出了藏族人民对他的怀念。

人们在料理孔繁森的后事时，看到两件遗物：一是他仅有的8元6角钱；一是他去世前4天写的关于发展阿里经济的12条建议。孔繁森留下的遗产，体现出他的高尚思想情操和道德品质，反映出他是以自己的全部生命来实现党的根本宗旨。

孔繁森（1944年7月—1994年11月），原西藏自治区阿里地区地委书记。

孔繁森常说："西藏的老人就是我的老人，西藏的孩子就是我的孩子，西藏的土地就是我的家乡，我要用行动证明党的干部是真正为人民服务的。"孔繁森用行动证明了他的誓言。

孔繁森早年在部队医院当过兵，懂得一些医术。来西藏工作后，他看到当地缺医少药现象非常严重，就准备了一个小药箱，买上一些常用药，为农牧民看病治病。到阿里工作后，这个小药箱又随同他到了阿里。

他下乡所到之处，总是有着这样的情景：在草地上、在帐篷里、在羊圈旁，孔繁森席地而坐，他的身边簇拥着一大帮等着看病取药的群众。

一次，有位70多岁的藏族老人肺病发作，浓痰堵塞了咽喉，生命垂危。当时，没有其他医疗器械可用，孔繁森就将听诊器的胶管伸进老人嘴里，又对着胶管将痰一口一口地吸出来，然后又为老人打针服药，直到老人转危为安，他才放心地离去。

"一个人爱的最高境界是爱别人，一个共产党员爱的最高境界是爱人民。"这是孔繁森最喜爱的一句名言。孔繁森用自己的行动实践了这句名言。而且，他的爱已经到了极致。他把一腔热血洒在了他热爱的土地上。

（二）关乎社会道德风尚的导向

年轻干部生活作风的好坏直接关系到社会道德风尚的导向。年轻干部在社会生活中处于特殊的地位，其言行举止、道德状况往往具有导向的作用，对社会和人们的思想尤其是年轻人会产生极大的影响。因为年轻干部是党和国家事业的骨干力量，在事业发展过程中起着决策、领导、指挥、组织作用，在整个社会发展中起先导、引导作用，所以，年轻干部的道德素质理应比群众和其他社会成员更高尚。

道德是一种精神力量，它支配着人们实现物质利益和进行其他一切活动。而精神力量同物理学中的力一样，是具有矢量性的，它不仅有大小，还有方向。当人们的精神力量指向正确的方向时，这种精神力量就会为实现当前和长远的目标而努力奋斗。相反，就会成为社会主义和共产主义事业的抵触势力。

古人云："其身正，不令而行；其身不正，虽令不从，""为政以德，譬如北辰，居其所而众星共之，""以德服人者，中心悦而诚服也。""德"对于年轻干部而言，是世界观、人生观、价值观问题，是党性的具体体现。而年轻干部的生活作风则是"德"的直接表现。

年轻干部的生活作风如何，事关整个社会的秩序，事关社会风尚和社会精神面貌，事关党和人民事业的兴衰成败。年轻干部只有为官有德，以身作则，带头实践道德规范，才能赢得人们的敬佩和信赖，才能对群众产生强大的吸引力、感召力和说服力，才能领导群众，垂范社会，促进社会风气的好转和全社会道德水平的提高。

年轻干部的生活作风还关系到党的形象和威信。年轻干部是党的执政骨干，其一言一行，都关乎党和政府的形象。老百姓就是通过他身边干部的所作所为来评价党和政府的。

（三）关乎自身形象和前途命运

年轻干部的生活作风不仅关系到党的形象和威信，也关乎自身的形象和前途命运。一个年轻干部选择什么样的生活作风，就选择了什么样的形象和前途命运。请看浙江省杭州市拱墅区"最年轻区管干部"陈潇的形象和前途命运。

陈潇，1988 年出生，任拱墅区祥符街道党工委委员时刚刚 29 岁，是当时该区最年轻的区管干部，后又任大关街道党工委委员。

陈潇沉迷"网络赌博"，嗜赌成性，上班赌、开会赌、开车赌，甚至被组织约谈前 30 分钟还在赌，最终为还赌资受贿 300 余万元。

"曾经有一段时间，我只喝茅台，一天不喝都难受。"陈潇说。

陈潇选择了奢靡、赌博的生活，留下了赌徒的形象，并走上了犯罪的道路，其前途命运不言而喻。"2021 年 6 月，陈潇被开除党籍、开除公职。2022 年 7 月，陈潇因犯受贿罪，被判处有期徒刑六年六个月，并处罚金人民币 40 万元，违法所得予以没收，上缴国库。"①

---

① 李铁柱:《原杭州市拱墅区大关街道党工委委员陈潇沉迷赌博受贿300 余万获刑 6 年半》,《北青热点》, 2022 年 11 月 21 日。

二

保持严肃的生活作风

　　严肃的生活作风是对生活态度严谨而有法度，不违背公序良俗。"保持严肃的生活作风"，是习近平总书记对年轻干部提出的要求。2019年3月1日，习近平总书记在2019年春季学期中央党校（国家行政学院）中青年干部培训班开班式上的讲话中强调："干部要想行得端、走得正，就必须涵养道德操守，明礼诚信，怀德自重，保持严肃的生活作风、培养健康的生活情趣，特别是要增强自制力，做到慎独慎微。一个人廉洁自律不过关，做人就没有骨气。要牢记清廉是福、贪欲是祸的道理，树立正确的权力观、地位观、利益观，任何时候都要稳得住心神、管得住行为、守得住清白。"①

---

① 《习近平在中央党校（国家行政学院）中青年干部培训班开班式上发表重要讲话》，摘自新华网：http://www.xinhuanet.com/politics/2019-03/01/c_1124182661.htm，2019年3月1日。

（一）自觉地遵守公序良俗

公序良俗，是公共秩序与善良风俗的简称。所谓公序，即社会一般利益，包括国家利益、社会经济秩序和社会公共利益。所谓良俗，即一般道德观念或良好道德风尚，包括社会公德、商业道德和社会良好风尚。

年轻干部要保持严肃的生活作风，必须自觉遵守公序良俗。《中国共产党纪律处分条例》第十一章第一百三十七条规定："违背社会公序良俗，在公共场所有不当行为，造成不良影响的，给予警告或者严重警告处分；情节较重的，给予撤销党内职务或者留党察看处分；情节严重的，给予开除党籍处分。"

人民网南宁频道 2015 年 10 月 22 日发布：近日，一则网帖曝光了广西柳州"女子赴宴遭官员猥亵施暴"事件。根据网上曝光内容，10 月 17 日晚，多名在职或退休人员在柳州一酒店内饮宴，酒后有几名男子对同席女性进行猥亵。遭到女子反抗后，一名男子还对其进行殴打，造成该女子背部、脸部等多处受轻微伤。

经查，这几名男子分别是广西盐业公司（广西盐务管理局）原党组书记、经理（局长）刘汉武，广西水文地质工程地质队原队长白爱忠，柳州市委维护稳定工作领导小组办公室原主任张占良。

后来，刘汉武被开除党籍、开除公职；白爱忠被开除党籍、行政撤职；张占良被撤销党内职务。

这几个领导干部在公共场所公然对女性进行猥亵，是严重违背社会公序良俗的，受到严肃处理是咎由自取，年轻干部当引以为戒。

（二）管好自家人和身边人

"一屋不扫，何以扫天下。"这是一个历史典故。说是东汉时，有一少年名叫陈蕃。他自命不凡，一心只想干大事业。

一天，他的朋友薛勤来拜访他。薛勤见他独居的院内龌龊不堪，就对他说："孺子何不洒扫以待宾客？"

陈蕃回答说："大丈夫处世，当扫天下，安事一屋？"薛勤当即反问道："一屋不扫，何以扫天下？"陈蕃无言以对。

这里引述这个故事是想说，作为年轻干部要履行好治理国家、管理社会的职责，首先，要管好自己的家人和身边的人。如果连自己的家人和身边的人都管不好，怎么能治理好国家、管理好社会？

从查处的案件看，领导干部因对亲属和身边工作人员管理不善，从而被老婆、孩子拉下水，被身边人拉下水的事并不鲜见。年轻干部要引以为戒。

年轻干部爱自己的家人和身边人，是人之常情，无可厚非，但厚爱也要严管，一旦发现家人和身边人收受礼物或"打着自己旗号"办事，必须以"零容忍"的态度坚决及时制止。

请看老一辈无产阶级革命家谢觉哉是怎样做的：

谢觉哉，是延安著名的"五老"之一。不许子女特殊化，是谢觉哉同志一贯坚持的原则。不管是在延安，还是进北京后，都是如此。

在延安时的一天，谢觉哉同志的孩子到机关小食堂玩耍。食堂管理员见开饭的时间到了，就想留孩子在那里吃饭。

谢觉哉同志说什么也不同意，坚持让孩子回家，并叮嘱他们以后少来这里玩耍。

在谢觉哉同志的家里，有一条家规："任何子女都不能用他的汽车"。

一次，他的孩子违反了这一规定，用了他的车。谢觉哉同志知道后，非常生气。他批评孩子说："国家给我的汽车，是工作时才使用的，你没有权力叫司机开我的车外出。"他又马上让家里人付了车钱。

在后来的党组织生活会上，谢觉哉同志还专门就这个问题做了自我批评。

在一般人看来，吃一顿饭，用一次车，没什么大不了的。但在谢觉哉看来，这是孩子利用自己的权力和身份搞特殊化，必须坚决禁止，防微杜渐。

现实中，有的年轻干部对家人和身边人的情况不过问，不教育，听之任之，不加约束，甚至对他们的所作所为一味装糊涂，在大是大非面前丧失原则立场；

有的年轻干部自身就不过硬，不但自己违法违纪，还纵容唆使家人和身边人胡作非为；

还有的年轻干部对家人和身边人的问题不是积极配合组织调查处理，而是百般包庇袒护，帮助开脱责任。

这些做法看似关爱家人和身边人，其实是坑害了他们。

古人云："父母之爱子，则为之计深远。""为之计深远"，是要为子女的长远发展负责。金山也有吃空的时候。吃空了金山，还谈什么长远发展？

事实上，一个人的长远发展，重要的不是金钱财富，而是他的素质和能力。林则徐有这样一段话："子孙若如我，留钱做什么？贤而多财，财损其志；子孙不如我，留钱做什么？愚而多财，益增其过。"所以，他明确表态，不赞成给子孙留钱财。

不独林则徐，古今中外有识之士，对子女的未来发展都有智慧的识见。

（三）崇尚简朴的生活方式

简朴生活是一种尽力减少追求财富及奢侈消费的生活风格。它是繁华落尽，洗尽铅华之后的内敛。年轻干部要清正廉洁，健康茁壮成长，需要崇尚简朴的生活方式。宋朝人司马光在《训俭示康》中说"众人皆以奢靡为荣，吾心独以俭素为美"。很显然，司马光是崇尚简朴的生活方式的。

简朴生活是一种境界。"妙言至径，大道至简。"美妙的言语往往直截了当，大道理是极其简单的，简单到一两句话就能说明白。这是说，少而精，精而美。

其实，生活也是一样，简朴生活也是一种让人快乐的生活，是一种境界。孔子就安贫乐道："饭疏食饮水，曲肱而枕之，乐亦在其中矣。不义而富且贵，于我如浮云。"孔子认为，吃粗粮，喝清水，弯起胳膊当枕头，乐在其中。而通过干不正当的事得来的富贵，对于我来说就像浮云一般。

这种吃粗粮，喝清水，弯起胳膊当枕头的简朴生活，是一种自然的生活。自然简朴的生活能让人避免油腻。

简朴生活是真正富足。物欲横流的时代，人们面临的诱惑越来越多。在诱惑面前，有的人成了它的奴隶，想赚钱更多，想享受更多，最后，"穷"得只剩下钱了。

"穷"得只剩下钱的人，没有奉献精神，没有同情心，没有同理心，没有关爱，没有自尊和尊重别人。他们只有物质生活，没有精神世界。精神世界贫乏、荒芜的人是可悲的。物质生活的暂时窘迫困顿不可怕，可怕的是精神世界的贫瘠。

当一个人被钱物财富所绑架时，他就失去了自我，而一旦失去身外之物，他就会变得一蹶不振，缺少重新振作起来的力量。

而简朴生活者对物质财富的追求是以丰富精神世界为目的，他们知道，物质财富是用来提高生活质量的，而不是用来压榨生命的。因此，他们绝不会为追求物质财富而迷失本心，更不会为追求物质财富而不择手段，丧失良心。

宋哲宗绍圣四年（公元 1097 年），62 岁的苏轼被一叶孤舟送到了海南岛儋州。

当时的海南儋州与现在的海南儋州不可同日而语。当时的海南儋州属于荒蛮之地。"北船不到米如珠"(《纵笔三首》)。苏轼"尽卖酒器，以供衣食"，常常以红薯、紫芋充饥。他自建了勉强遮风避雨的五间草屋，自种田地度日。

物质生活虽然简朴，但他却获得了丰沛的精神财富。他在儋州以超然的心态，创作了诗词140余首，100余篇散文，并对《易传》和《论语》进行了修订。

他在儋州办学堂，许多人不远千里，追至儋州，跟随苏轼学习。儋州县志记载："北宋苏文忠公来琼，居儋四年，以诗书礼教转化其风俗，变化其人心。"

他在儋州鼓励农耕，教化大家讲究卫生，为解决当地黎族百姓饮用沟渠浊水问题，他指导当地人勘察水脉，掘土打井，人称"东坡井"，并向当地的黎族百姓传播中原文明。

简朴生活是幸福生活。毋庸讳言，现在的世界很浮躁、很功利。人们急吼吼地为权力、车子、房子、奢侈品、地位而拼搏，甚至拼命。可悲的是，有的人即便获得了财富和物质上的丰盈，还是觉得不快乐。究其原因，就是他把物质财富、社会地位、权力名誉看得太重。他不知道，真正的幸福，是物质生活和精神生活的相得益彰，是个人幸福和大众幸福的有机统一。

因此，年轻干部需要在浮躁、功利的世界里，找到一种淡定的生活方式。简朴生活就是一种淡定的生活方式。因为简朴生活，不需要那么多的物质财富；因为简朴生活，不会对钱物存在过多的渴望。

从前，有个富翁，每天让他劳神费心的事情跟他拥有的财富一样多。所以，他每天都愁眉紧锁，难得有个笑脸。

而富翁的隔壁，住着磨豆腐的小两口。这小两口每天欢声笑语，开心快乐。

富翁的老婆问老公："我们这么多钱，怎么还不如磨豆腐的小两口快乐呢？"

富翁说："这有什么，我让他们明天就笑不出声来。"

到了晚上，富翁隔着墙朝小两口家的院子里扔了一个金元宝。

第二天，磨豆腐的小两口家里不仅没有了欢声笑语，还吵闹不休起来。

原来这小两口捡到了"天下掉下来的"金元宝之后，觉得自己发财了，决定不干磨豆腐这种又苦又累的活儿了。

干什么呢？丈夫说："做生意吧？"老婆说："赔了怎么办？"

丈夫说："我要早有这个金元宝，决不会娶你这个黄脸婆！"老婆说："我要早有这个金元宝，决不会嫁你这个穷磨豆腐的！"

于是，家里开始没有了以前淡定快乐的生活，开始了烦恼争吵的日子。

生活可以很淡定，但享乐之火一被点燃，烦恼就会敲开你的心门；生活可以很宁静，但奢靡之门一打开，痛苦就会接踵而至。

由此而言，年轻干部不妨把家庭生活的标准降低一点，把个人的欲望需求减少一点，回归简朴生活，这样，就不必挖空心思去贪污，去腐败，去卖官鬻爵，快乐自会不约而至。

三

培养健康的生活情趣

追踪分析一些年轻干部的落马轨迹，不难发现，他们的蜕化变质，多是缺乏高尚道德情操，多是从生活作风不检点，生活情趣不健康开始的。因此，年轻干部要避免成为"晚节不保"者，培养健康的生活情趣很是重要。

（一）保持高尚情操

情操，是情感和操守，是情感思想综合不能轻易改变的心理状态。那什么是高尚情操呢？叶圣陶的答案是："高尚的情操就是时时刻刻想到自己在人民之中，是社会的一员，应该而且必须为人民为社会做有益的事，一辈子这样，决不改变。"

由此而言，年轻干部保持高尚情操就是要时刻想到自己是党的干部。党的干部就要为人民谋利益，就要为人民的利益和幸福而努力工作，就要着力解决群众的操心事、烦心事，为民奉献、为民尽责。柴生芳就是一位保持高尚情操的年轻干部。

柴生芳毕业于北京大学，并在日本留学取得博士学位。随后，他怀揣报效祖国的赤子之心，选择到"苦瘠甲天下"的甘肃省定西市工作。

从 2006 年起，柴生芳先后在定西市的陇西、安定、临洮任职。不管职务如何变，不变的是他那为民富民的理想和追求，是他那不折不扣执行党的政策的行动力，他全身心地投入到贫困地区扶贫攻坚的主战场。

为了推进党的扶贫政策的落实，他在临洮县带领干部赴乡镇深度调研，车能去的地方车去，车到不了的地方步行。柴生芳几乎跑遍了临洮县 323 个村，行程达 4 万多公里。在全面摸清了乡镇、村、社、农户实情的基础上，柴生芳指导县扶贫办统一制作农户基本情况检索系统和扶贫重点人口档案信息平台，识别重点扶贫人口 11.21 万人，将全县 144 个贫困村分为产业示范村、潜力村，"对症下药"为 323 个行政村确定了主导优势产业，形成了"一乡一业，一村一品"的精准扶贫全新路线图，为制定精准扶贫战略规划打下了坚实的基础。

2014 年 8 月 15 日凌晨，时任临洮县县长的柴生芳，因为连续加班开会诱发心源性猝死，年仅 45 岁。

事业未竟，柴生芳带着遗憾离开了临洮县，离开了爱他的人们。他以最朴素的方式诠释了什么是高尚情操。

（二）保持健康情趣

情趣，是性情志趣。每个人都有不同的情趣，而且情趣还有健康不健康、高雅低俗之分。

健康的生活情趣，不仅能增强人的免疫力，有利于身心健康，还能开阔视野，振奋精神，形成强大的内驱力。

而低级庸俗的不健康生活情趣，则会让人热衷于吃喝玩乐、沉湎于灯红酒绿、贪恋于声色犬马，从而意志消沉，浑浑噩噩，今日有酒今日醉，明日无酒糊涂睡。年轻干部若是如此，不仅自身没有进取心、奋斗力，还会成为"躺平"的"小油条"，最终还会走向违纪违法的道路。

年轻干部要保持健康的生活情趣，需要培养良好的兴趣爱好。每个人都有自己的兴趣爱好，年轻干部也不例外。其实，许多伟人、名人都有兴趣爱好。有人喜欢打桥牌，如改革开放的总设计师邓小平；有人喜欢集邮，如美国前总统罗斯福；有人喜欢篆刻，如李岚清。

但年轻干部的兴趣爱好，相对于一般人的兴趣爱好来讲，有着很大的不同。

一般人的兴趣爱好，可能就是生活中的小情趣，业余时间的小调剂。但年轻干部身份的特殊性，决定着其兴趣爱好并不是个人的小事、私事，而是事关廉洁的大事。赖昌星说过这样一段话："不怕领导干部不受贿，就怕领导干部没有兴趣爱好。只要他有兴趣爱好，他就会被我攥在手心里。"结果，许多领导干部就被他攥到了手心里。

这样说也并不是说年轻干部不能有兴趣爱好，而是说，年轻干部要有良好的健康的兴趣爱好，而且即使是良好的健康的兴趣爱好，也最好不要外漏张扬。如果外漏张扬了，就会有人投其所好，最后，把你"攥到手心里"。

年轻干部即使是有好的兴趣爱好，也要能够有效地节制。如果不能有效地节制，适度把握，就会沉溺其中，不能自拔，最后导致正事被贻误，甚至被人所利用。

所以，明太祖朱元璋说："人君一生当谨嗜好，不为物诱，则如明镜止水，可以鉴明万物。一为物诱，则如明镜受垢，水之有滓，昏翳混浊，岂能照物？"

在朱元璋看来，不管是当臣子的，还是做国君的，都应当小心嗜好。不为财物所诱惑，就像明亮的镜子、平静的水面，可以鉴明万物。一旦为财物所诱惑，就像镜子有污垢，水面有渣滓，昏翳混浊，岂能照见万物？

当然，朱元璋并非全盘否定嗜好。他又说："人亦岂能无好，但在所当好耳。如人主好贤，则在位无不肖之人；好直，则左右无陷佞之士。如此，则国无不治。苟好不当好，则正直疏而邪佞进，欲国不乱，难矣。故嗜好之间，治乱所由生也。"

朱元璋对嗜好的看法还是很全面的。他认为，人不能没有嗜好，只是要有好的嗜好。比如，君王嗜好贤能之人，则在位的人没有不肖之人；君王嗜好正直的人，则身边就没有陷佞之士。这样一来，治理国家没有治理不好的。如果沾染了不良的嗜好，则会疏远正直贤良的人才，而那些邪佞不肖之人就会得到重用。如是这样，想要国家不乱，那是很难的事。所以，国家乱与治，就在君主的嗜好之间。

朱元璋从治国的高度来分析"为物所诱"以及嗜好的好与坏。其所言的确是真知灼见。这种真知灼见是历史经验教训的总结与反思。比如，南唐后主李煜，沉溺于吟诗作词之中，"为高谈，不恤政事"，最终误国身亡。

历史是一面镜子。这面镜子告诉年轻干部，你的嗜好关系到国家的治乱，关系到自身的得失。所以，为国家计、为自身计，都要严防不良的嗜好，即使是良好的嗜好，也要能够有节制，不能顺其自然，让其膨胀无度。

（三）防止不良嗜好

年轻干部要保持高尚情操和健康情趣，千万不要沾染不良的嗜好。"黄、赌、毒"等都是不良的嗜好，谁沾染了这不良嗜好，谁就走上了不归路。

"生活总是会给自己开辟道路的。"这是列宁在《共产主义运动中的"左派"幼稚病》中的名言。人生其实就是无数选择的总和。年轻干部选择什么样的业余生活，就选择了什么样的生活道路，也选择了什么样的仕途人生。

现如今的年轻干部工作任务重、压力大，这是不争的事实。丰富健康的业余生活，对缓解压力、放松心情，是一个有效的方法。但这不是沾染不良嗜好的理由。看看那些落马的年轻干部，有的就是沾染了网络赌博的恶习，把大好青春赌没了。

"想到这几个月的疯狂行为，就像做了一场梦。"四川省甘孜州德格县岳巴乡干部杜小菊后悔不已。

1994 年，杜小菊出生于甘孜州九龙县的普通农村家庭。初中毕业后，她通过"9+3"免费职业教育惠民政策，成为德格县岳巴乡一名事业单位干部，不久便担任乡会计一职。此后，因出纳请产假，乡领导以干部少、工作繁重、无人胜任为由，安排杜小菊会计、出纳"一肩挑"。2019 年 7 月，杜小菊无意间接触到网络博彩，几天下来，赢了好几万元。博彩平台人员告诉她，"如果想赢更多，就要加大投注。"于是杜小菊继续投注，但很快连本钱都输掉了。

妄想暴富的杜小菊逐渐失去理智，她开始把目光投向"公款"，企图用公家的钱来"生"钱。2019 年 8 月，杜小菊利用财务管理漏洞，将 4 万元公款转入个人账户，仅一天便挥霍一空。至 2019 年 10 月，杜小菊挪用公款已超百万元。

短短五个月，杜小菊先后 56 次挪用公款 237 万余元。面对被自己"掏空"的账户，最终她选择了主动投案。

2020 年 3 月，因犯挪用公款罪，26 岁的杜小菊被开除党籍、开除公职，被法院判处有期徒刑 6 年 6 个月。[1]

四川省甘孜州亚丁乡纪委原副书记刘勇也是被网络赌博毁掉的。2018 年 2 月，刘勇通过"网友"介绍，接触到网络赌博，只要有空，他就会点开赌博网站，沉迷其中。

世界杯期间，刘勇听说网络赌球赢面大，便抱着试一试的心态开始投注，赢了一点小钱后，刘勇的心态渐渐发生了变化。他开始借钱赌球，输了 20 余万元也不知收手。之后，刘勇参与"时时彩"赌博，又输掉 30 万元。

为了"救"他，家人含泪将家中房产抵押了 30 万元，让他尽快归还赌债，重回正道。

然而，他却把家人的劝诫和眼泪抛之脑后，一心想在赌桌上"翻身"。

2018 年 11 月，亚丁乡安排刘勇负责惠民资金发放事宜，"资金不足"的刘勇认为"机会"来了，他利用职务便利，陆续挪用林补资金 28 万余元用于网络赌博。随后，刘勇又多次要求其他工作人员将惠民资金存于他处，方便个人支取。

"想过用自杀来了结一切，也想过自首，但最后抱着侥幸心理，我选择了逃跑。"2018 年 12 月 31 日，刘勇将 73 万元"草补款"转到个人账户，租车逃跑，途中又输掉 20 万元。4

---

[1] 甘孜纪：《赌输的青春——四川省甘孜州几起年轻干部网络赌博典型案例警示》，中央纪委国家监委网站，2021 年 8 月 11 日。

天后，专案组在凉山彝族自治州甘洛县将其抓获。[①]

2019 年 1 月，36 岁的刘勇被开除党籍、开除公职；同年 4 月，被判处有期徒刑 11 年，并处罚金人民币 26 万元。

杜小菊和刘勇本来是有着大好前程的年轻干部，但却因为网络赌博的不良恶习，毁掉了自己。近些年来，因为迷恋网络赌博而毁掉自己的，并非只有杜小菊和刘勇，仅四川甘孜州就查处了多起因赌博而腐败的年轻干部严重违纪违法案件，"涉案金额达 1167 万余元，其中参与网络赌博涉案金额达 952 万余元。除网络赌博外，还存在挪用公款参与线下打麻将、玩纸牌、大额购买彩票等行为，如 27 岁的理塘县甲洼镇民政助理员蒲洛桑，挪用公款和民生项目资金 78 万余元用于赌博；27 岁的乡城县教育体育局干部李鑫，挪用学生的助学贷款还款资金 91 万余元用于赌博；27 岁的得荣县茨巫乡干部扎西多吉，挪用群众医保参保资金 44 万余元用于购买彩票……"[②]

四川甘孜州年轻干部赌博系列腐败案件的发生，给广大年轻干部敲响了警钟。要知道，赌博不会成为赢家，只能自毁前程，并给家人带来伤害。

网络赌博，是一些年轻干部涉腐案卷的关键词。1995 年出生的中国邮政集团有限公司重庆市酉阳县分公司李溪邮政支局原综合柜员倪亚洲，也是因为赌博而毁灭前程的。

"'刚开始，每天能赢几十元，我想在年底就能购车购房，

---

①② 甘孜纪:《赌输的青春——四川省甘孜州几起年轻干部网络赌博典型案例警示》，中央纪委国家监委网站，2021 年 8 月 11 日。

生活上、物质上得到提高，我会有一个幸福的家庭，梦想轻而易举就能成真……'沉迷网络赌博骗局、一次次希望'翻盘'的倪亚洲8次利用职务之便，窃取李溪邮政支局储汇资金共计34.8万元，通过网络赌博输了34.51万元。倪亚洲不仅没能实现自己的梦想，更葬送了前途。2020年9月，25岁的倪亚洲被开除公职；2020年12月，倪亚洲被判处有期徒刑一年十个月，并处罚金十万元。"①

有这样一首诗："贝者是赌不是人，只为今贝起祸根；有朝一日分贝了，到头成为贝戎人。"古人有云，"天下之恶，莫过于赌"。有赌博恶习的年轻干部看看这首诗，贝者为"赌"；今贝为"贪"；分贝为"贫"；贝戎为"贼"。这赌、贪、贫、贼四个字便是每个赌徒的必由之路。只要一沾上赌，就会入了邪道。

---

① 李云舒：《早节不保难行远》，中央纪委国家监委网站，2023年6月25日。

第十章

让读书学习

成为一种习惯

本书在分析有的年轻干部『早节不保』原因时认为，『忽视读书学习』是一个重要原因，因为『学史可以看成败、鉴得失、知兴替，学诗可以情飞扬、志高昂、人灵秀，学伦理可以知廉耻、懂荣辱、辨是非。』* 那些『早节不保』者走出校门、进入干部队伍之后，工作上『躺平』，每天沉迷于网络，忽视读书学习，导致不知廉耻、不懂荣辱、不辨是非，最终贪污受贿、甘于被『围猎』。

* 习近平：《在中央党校建校 80 周年庆祝大会暨 2013 年春季学期开学典礼上的讲话》（2013 年 3 月 1 日），人民日报，2013 年 3 月 3 日。

继承发扬崇尚读书学习的传统

中华民族向以崇尚读书学习而著称，把读书学习当作最高尚的事情。"要知天下事，须读古今书。"（《增广贤文》）"鸟欲高飞先振翅，人求上进先读书，立身以立学为先，立学以读书为本。"（李苦禅语）说的都是读书学习的价值所在。

崇尚读书学习也是中国共产党的优良传统和政治优势。纵观党的历史，读书学习一直推动着党前进的步伐，对中国革命、建设和改革起着关键而重要的先导、指导作用。

（一）中华民族有崇尚读书学习的传统

我国自古以来就有崇尚读书学习的优良传统。数千年来，流传着许许多多爱读书读好书善读书的名言佳句与故事。

"卖却屋边三亩地,添成窗下一床书。"卖掉房屋旁边的三亩地,添置成窗户下面的一架子书。《书斋即事》一诗的作者杜荀鹤把对书的迷恋和嗜好简洁而又生动地表现了出来。

"寒夜读书忘却眠,锦衾香烬炉无烟。"寒夜伏案读书忘却了睡眠,熏烘锦被的香已化为灰烬,温暖居室的小炉,也烟消火灭。《寒夜》一诗的作者袁枚深夜苦读的形象跃然纸上。

许多家训都告诫儿孙们,要读书。"积财千万,无过读书。"积累千万的财富,也不如读书有用。这是《颜氏家训·勉学》中的语言。

"子孙虽愚,诗书须读。"子孙即便头脑愚笨,也必须读书学习。这是《钱氏家训》对子孙们的教诲。钱氏家族自钱家先祖吴越国王钱镠开始,其人才就喷涌而出。远古的不说,就是当代,便有钱学森、钱三强、钱其琛、钱钟书等一大批国内外知名政治家、科学家和文艺家。

钱氏家族为什么长盛不衰,人才辈出?《钱氏家训》功不可没。钱学森的父亲钱均夫就曾经说过:"我们钱氏家族代代克勤克俭,对子孙要求极严,或许是受祖先家训的影响。"

如今使用的许多成语,都跟古人读书的故事相关。悬梁刺股、凿壁偷光、囊萤映雪、映月读书,等等。虽然这些读书者不乏为了科举而读书,但其刻苦读书的精神还是值得后人学习的。

（二）崇尚读书学习也是党的光荣传统

中国共产党自诞生之日起，就针对当时一些党的干部理论素质不高的问题，高度重视理论学习，注重用马克思主义理论来武装党的干部的头脑。

1929 年 11 月，"古田会议"前夕，中共中央"九月来信"送达闽赣苏区，毛泽东写了回信，在信的最后，毛泽东指出："惟党员理论常识太低，须赶急进行教育"，并希望中央给红四军提供一些理论方面的书籍。

毛泽东常说："我一生最大的爱好是读书。""饭可以一日不吃，觉可以一日不睡，书不可以一日不读。"

毛泽东早在湖南第一师范上学时，就阅读过司马光编撰的《资治通鉴》，他在晚年跟身边的工作人员谈论《资治通鉴》时说："这是一部难得的好书！我读了十七遍，每读一遍都获益匪浅。"

《二十四史》也是毛泽东喜爱的历史巨著。1952 年，毛泽东购置了一部清乾隆武英殿版《二十四史》，这部 4000 万字的史书，毛泽东几乎一字不落地读完，而且还用红蓝铅笔在书上留下了大量符号和批语。

董必武、林伯渠、谢觉哉、徐特立、吴玉章五人被称为"延安五老"。"延安五老"年龄虽"老"，但他们的读书态度、读书精神不老。

董必武是党的"一大"代表。他一生与书籍为伴，即使是在长征路上、在出差途中、在晚年，仍然读书不辍。他喜欢写诗，在他的诗词中，多有提及有关读书的内容，比如在《七十自寿》中"革命重理论，马恩指出早"，以及"未因迟暮衰颓感，毛选诸篇读尚勤"，在《八十初度》中"蹲点未能知老至，观书有得觉思清"，在《八六初度》中"马列至言皆妙道，细思越读越分明"，等等。这是他不懈读书的生动写照。

林伯渠的一生，也是始终把读书学习放在首位。关于读书，他认为："读书以防捻此心，犹服药以消磨此病。病虽未除，常使药力胜则病自衰；心虽未定，常得书味深则心自熟。"这是将读书视为修养心性成熟心智的一剂良药。

谢觉哉也堪称读书治学的楷模。他在87岁的时候总结说，我从七岁上学起就读书，一直读了八十年，其间基本上没有间断。他认为，社会上的事物与道理，天天前进，过去读的，不够今天用；今天读的，到明天又不一定适合。自以为够了，就得落伍。

谢觉哉晚年时，因为脑血管栓塞导致半身瘫痪，右手动不了。即便如此，他依然坚持读书。不能久坐看书，他就让人买来一个放乐谱的铁架子，把书放在架子上，头靠着椅子，用左手艰难地翻阅。夫人王定国劝他好好休息，别费神看书了，现在看书也用不上。谢觉哉回答："谁说用不上？有人来问，我可以讲。自己看得深一点，对人讲得才能透一点。"真是学到老，活到老。

徐特立是毛泽东和田汉等著名人士的老师。他认为读书可以"明人生之理，明社会之理"。1897 年，20 岁的徐特立制定了"十年破产读书计划"，即将每年教书所得的收入作为生活开支，其他的家产（包括祖上留给他的几亩薄田）则逐年变卖用来买书，就在"破产读书计划"的第八年，他家里的经济提前濒于破产了。

中华人民共和国成立之后，72 岁的徐特立制定了 20 年的学习工作计划，在繁忙的工作之余挤出时间学习研究中共党史、民族史等。

吴玉章历经戊戌变法、辛亥革命、讨袁战争、北伐战争、抗日战争、解放战争、新中国建设而成为跨世纪的革命老人，他还曾经担任中国人民大学校长 17 年。他在 30 岁的时候曾经写有一篇自嘲文："吾志大才疏，心雄手拙！好学问而学无专长，好语文而文不成熟！好读书而不求甚解，虽有会意，却从未忘食。无枚皋之敏捷，有司马之淹迟，是皆虚心不足，钻研不深之故！年已三十，家业均无。样样皆通，样样稀松。东隅已失，桑榆未晚，必须痛改前非，力图挽救！戒骄戒躁，勿怠勿荒！"

这篇短文的意思是说，我志大才疏，胸有大志而手笨！爱好学问，但却没有特别擅长的，喜欢语文但是写出的文章却不成熟！喜欢读书却只求懂得个大概意思，不求深刻了解。虽然读书也有会心得意之处，但从来没有忘记吃饭（陶渊明在《五柳先生传》中有"好读书，不求甚解；每有会意，便欣然忘食"之语，吴玉章在此化用）。我没有西汉枚皋写作的敏捷速度，却有西汉司马相如的迟缓（《西京杂记》卷三："枚皋文章敏疾，长卿制作淹迟。"长卿，是司马相如的字）。这都是我不够虚心，钻研不深的原因。我年已30岁，没家没业。样样皆通，样样稀松。早年的时光虽然已经消逝，但如果珍惜现在的时光，发愤图强，晚年并不晚。必须痛改前非，竭力挽救自己！一定戒骄戒躁，不懈怠、不荒芜学业！

吴玉章的这篇短文，与其说是自嘲文，不如说是自勉文。毛泽东赞誉吴玉章："几十年如一日，一贯的有益于广大群众，一贯的有益于青年，一贯的有益于革命。"

习近平总书记也在多个场合说自己"最大的爱好就是读书"，2014年2月，他在索契接受俄罗斯电视台专访时说："现在，我经常能做到的是读书，读书已成了我的一种生活方式。"他还列出了自己读的书单："我读过很多俄罗斯作家的作品，如克雷洛夫、普希金、果戈里、莱蒙托夫、屠格涅夫、陀思妥耶夫斯基、涅克拉索夫、车尔尼雪夫斯基、托尔斯泰、契诃夫、肖洛霍夫，他们书中许多精彩章节和情节我都记得很清楚。"[1]

随后，他在巴黎出席中法建交50周年纪念大会上列出了第二份阅读"书单"："青年时代就对法国文化抱有浓厚兴趣，法国的历史、哲学、文学、艺术深深吸引着我。读法国近现代史特别是法国大革命史的书籍，让我丰富了对人类社会政治演进规律的思考。读孟德斯鸠、伏尔泰、卢梭、狄德罗、圣

---

[1] 新华网记者赵银平：《世界读书日，习近平为你讲述他与书的故事》，新华网，2018年4月23日。

西门、傅立叶、萨特等人的著作，让我加深了对思想进步对人类社会进步作用的认识。读蒙田、拉封丹、莫里哀、司汤达、巴尔扎克、雨果、大仲马、乔治·桑、福楼拜、小仲马、莫泊桑、罗曼·罗兰等人的著作，让我增加了对人类生活中悲欢离合的感触。"①

习近平总书记读书之多，令人敬佩。1969年初，16岁的习近平来到陕西省延川县一个名叫梁家河的小山村插队。他说："我到农村插队后，给自己定了一个座右铭，先从修身开始。一物不知，深以为耻，便求知若渴。"②

（三）我党坚持依靠读书学习走到今天

"梦想从学习开始"，这是习近平总书记《在欧美同学会成立100周年庆祝大会上的讲话》中所言。中国共产党实现中华民族伟大复兴中国梦的梦想，就是从学习马克思主义的书开始的。中国共产党解决了"学什么"的问题。

"十月革命一声炮响，给我们送来了马克思主义"，中国共产党就是马克思主义同中国工人运动相结合的产物。马克思主

---

① 新华网记者赵银平：《世界读书日，习近平为你讲述他与书的故事》，新华网，2018年4月23日。

② 《"五四"青年节　听总书记和青年人唠过的知心话》，摘自人民网－教育频道，http://edu.people.com.cn/n1/2016/0504/c367001-28325456.html，2016年5月4日。

义奠定了中国共产党人坚定理想信念、坚守精神家园的理论基础，改变了中国近代历史的走向。

党的创始人、马克思主义在中国的最早传播者李大钊，在建党初期就认识到，马克思主义是科学而不是抽象的学理和不变的教条，研究马克思主义必须研究它"怎样应用于中国今日的政治经济情形"。

毛泽东"在国立北京大学当图书馆助理员的时候，就迅速地朝着马克思主义的方向发展"。美国记者斯诺在《西行漫记》里记录下了毛泽东的回忆："我第二次到北京期间，读了许多关于俄国情况的书。我热心地搜寻那时候能找到的为数不多的用中文写的共产主义书籍。有三本书特别深地铭刻在我的心中，建立起我对马克思主义的信仰。我一旦接受了马克思主义是对历史的正确解释之后，我对马克思主义的信仰就没有动摇过。这三本书是：《共产党宣言》，陈望道译，这是用中文出版的第一本马克思主义的书；《阶级斗争》，考茨基著；《社会主义史》柯卡普著。到了一九二〇年夏天，在理论上，而且在某种程度的行动上，我已经成了一个马克思主义者了，而且从此我也认为自己是一个马克思主义者了。"[①]

中国共产党解决了"学什么"的问题，但"怎样学"又摆在了中国共产党人的面前。在学习马克思主义的问题上，有人以教条主义的观点来对待马克思主义原理，他们"只会片面地

---

① （美）埃德加·斯诺：《西行漫记》，董乐山译，生活·读书·新知三联书店1979年版，第131页。

引用马克思、恩格斯、列宁、斯大林的个别词句，而不会运用他们的立场、观点和方法，来具体地研究中国的现状和中国的历史，具体地分析中国革命问题和解决中国革命问题。这种对待马克思列宁主义的态度是非常有害的，特别是对于中级以上的干部，害处更大。"[①] 因此，毛泽东主张"将我们全党的学习方法和学习制度改造一下"[②]。

1941 年 5 月 19 日，毛泽东在延安干部会上所作的《改造我们的学习》的报告，就是改造我党的学习方法和学习制度的重要文献。

毛泽东主张，要用马克思列宁主义的态度对待马克思列宁主义，即应用马克思列宁主义的理论和方法，对周围环境作系统的周密的调查和研究。"要有目的地去研究马克思列宁主义的理论，要使马克思列宁主义的理论和中国革命的实际运动结合起来，是为着解决中国革命的理论问题和策略问题而去从它找立场，找观点，找方法的。"[③]

这种态度，就是有的放矢的态度，就是实事求是的态度。这就为"怎么学"找到了方向和方法。

正因为"改造了我们的学习"，中国共产党把马克思主义

[①] 《改造我们的学习》(1941 年 5 月 19 日)，《毛泽东选集》第 3 卷，人民出版社 1991 年版，第 797 页。

[②] 《改造我们的学习》(1941 年 5 月 19 日)，《毛泽东选集》第 3 卷，人民出版社 1991 年版，第 795 页。

[③] 《改造我们的学习》(1941 年 5 月 19 日)，《毛泽东选集》第 3 卷，人民出版社 1991 年版，第 801 页。

中国化，使马克思主义成为"解放我们民族的最好的武器"。

党依靠读书学习走到今天，也注定会依靠学习走向未来。

党的十八大以来，习近平总书记反复强调："我们的干部要上进，我们的党要上进，我们的国家要上进，我们的民族要上进，就必须大兴学习之风，坚持学习、学习、再学习，坚持实践、实践、再实践。全党同志特别是各级领导干部都要有加强学习的紧迫感，都要一刻不停地增强本领。"①

党的十九大报告还把"增强学习本领"列为全党要增强的"八大"本领之首，要求在全党营造善于学习、勇于实践的浓厚氛围，建设马克思主义学习型政党，推动建设学习大国。

为什么把"增强学习本领"列为全党要增强的"八大"本领之首？因为只有加强学习，才能增强工作的科学性、预见性、主动性，才能使领导和决策体现时代性、把握规律性、富于创造性，避免陷入少知而迷、不知而盲、无知而乱的困境，才能克服本领不足、本领恐慌、本领落后的问题。"学习是做好工作的一个条件，而且是一个必不可少的条件。"②

---

① 习近平：《国家要上进必须大兴学习之风》，人民网，2013年3月8日。

② 陈云：《学习是共产党员的责任》（1939年12月），《陈云文选》（1926—1949年），人民出版社1984年版，中国人民解放军战士出版社重印，第121—122页。

二

养心悟道益智的一条重要路径

人，为什么要读书？当初秋的傍晚，看到夕阳余晖孤雁翱翔，你会说："落霞与孤鹜齐飞，秋水共长天一色。"而不是："哎呀，好多鸟。"当你失恋时，你低吟浅唱道"人生若只如初见，何事秋风悲画扇"或"天涯何处无芳草，墙里秋千墙外道"。而不是千万遍地悲喊："蓝瘦，香菇！"当你去戈壁旅游骑着骏马奔腾之时，你心中默念着"大漠孤烟直，长河落日圆"，而不是在那喊："哎呀妈呀都是沙子，快回去吧！"当你看到秋天的落叶时，你会脱口而出"零落成泥碾作尘"或"化作春泥更护花"。而不是"这叶子真多"。当然这是一种调侃，但是这种调侃却道出了读书者与不读书者之区别。

（一）读书学习可以拓宽视野

视野开阔，方能看得高远。庄子认为，井里的蛤蟆你无法跟它谈海洋，因为它的眼界受到狭小的生活环境所局限；夏天生死的虫子你无法跟它说冰雪是什么样子，因为它的眼界受到气候时令的限制；而孤陋寡闻的人，你无法跟他谈论大道理，因为他的眼界受着所受教育的束缚。

（原文：井蛙不可以语于海者，拘于虚也；夏虫不可以语于冰者，笃于时也；曲士不可以语于道者，束于教也。《庄子·秋水》）

那什么时候可以跟他们谈论大道理呢？庄子给出的答案是：当你走出狭隘的河岸，向大海观看，知道你的孤陋寡闻的时候，就可以跟你谈论大道理了。庄子这里是借秋水来说明视野的重要。

（原文：尔出于崖，观于大海，乃知尔丑，尔将可与语大理矣。《庄子·秋水》）

1939年2月28日，毛泽东在延安第十八集团军总兵站检查工作的会议上说："有了学问，好比站在山上，可以看到很远很多东西；没有学问，如在暗沟里走路，摸索不着，那会苦煞人。"

要视野开阔，就得有学问。学问如何来？答案就是：读书学习。

（二）读书学习可以放大格局

格局，是一个人的眼界、胸襟、气度、胆识等心理要素的内在布局。一个有格局的年轻干部眼界开阔、气度博大、胆识超群。思考问题，既有历史的深度，又有世界的宽度，更有未来的高度。曾国藩说："谋大事者首重格局。"心中没有格局或者格局太小，都难成大事。

年轻干部如何放大自己心中的格局？答案还是读书学习。

清人吴乔曾经在《围炉诗话》中引用了明人冯定远的一段话。冯定远说："多读书则胸次自高，出语皆与古人相应，一也。博识多知，文章有根据，二也。所见既多，自知得失，下笔知取舍，三也。"

这段话的意思是说，多读书就能通晓事理，胸怀宽广，眼力深远，出言立意不同凡俗；多读书就能见多识广，占有丰富的语言材料，著文立说便会避免贫乏浅陋之病；多读深思，持之以恒，则能自悟作文的窍门儿，并能借鉴他人成败的经验教训，在借鉴中有所创新。

冯定远的话虽然论述的是读书与写作的关系，但对放大格局也适用。"多读书则胸次自高"，就是如此。

曾国藩在三十岁之前，为人不仅庸俗，还格局小。但他而立之年立志要做一个圣人。如何做圣人？曾国藩的方法是读书，从书中汲取养分，进行人格修炼最终完成从"庸人"到"三立完人"的蜕变。曾国藩的《早年修身十三条》有两条就是关于读书的："四、读书不二（一书未点完，断不看他书。东翻西阅，都是徇外为人。）""五、读史（每日圈点十页，虽有事不间断。）"毛泽东说："予于近人，独服曾文正。"

（三）读书学习可以增强本领

著名科学家牛顿说："如果说我比别人看得更远些，那是因为我站在了巨人的肩上。""站在了巨人的肩上"就是向巨人学习。

年轻干部要做好领导工作，需要有各种各样的本领。这些本领如何获得？一个重要的路径就是"读书学习"。

有研究证据显示，读书能够改善智商和情商，带来创新和洞见。这都是必不可少的领导本领。

习近平总书记强调："领导干部如果不加强读书学习，知识就会老化，思想就会僵化，能力就会退化。爱学习、勤读书，通过读书学习来增长知识、增加智慧、增强本领，这是领导干部胜任领导工作的内在要求和必经之路。"[1]

中国共产党是一个以读书学习为己任的政党。党不仅在日常情况下要求干部读书学习，在历史进入到关键时刻，党更是对干部强化读书学习教育，使之跟上发展变化的新形势。

在中华人民共和国成立的前夜，毛泽东针对新中国正在发

---

[1] 习近平：《领导干部要爱读书读好书善读书》，《学习时报》，2009年5月18日。

让读书学习成为一种习惯

生的深刻变化，严肃地告诫全党："我们熟习的东西有些快要闲起来了，我们不熟习的东西正在强迫我们去做。我们必须克服困难，我们必须学会自己不懂的东西。"

为了解决"本领恐慌"问题，党不失时机地在全党开展了进城前的读书学习活动。在党的七届二中全会的最后一天，毛泽东亲自向全党推荐了 12 本干部必读书，即《社会发展史》《政治经济学》《共产党宣言》《社会主义从空想到科学的发展》《帝国主义是资本主义的最高阶段》《国家与革命》《共产主义运动中的"左派"幼稚病》《论列宁主义基础》《联共（布）党史》《列宁斯大林论社会主义建设》《列宁斯大林论中国》《马恩列斯思想方法论》。

1949 年 3 月 13 日，毛泽东在中共七届二中全会的讲话中说："关于十二本干部必读的书，过去我们读书没有一定的范围，翻译了很多书，也都发了，现在积二十多年之经验，深知要读这十二本书，规定在三年之内看一遍到两遍。对宣传马克思主义，提高我们的马克思主义水平，应当有共同的认识，而我们许多高级干部在这个问题上至今还没有共同的认识。如果在今后三年之内，有三万人读完这十二本书，有三千人读通这十二本书，那就很好。"[①]

进入新时代，国际形势诡谲多变，国内环境错综复杂，应变局、育新机、开新局，继续统筹推进"五位一体"总体布局、协调推进"四个全面"战略布局的历史任务异常艰巨，落

① 《毛泽东文集》第 5 卷，人民出版社 1996 年版，第 261 页。

实党对全面建成社会主义现代化强国两步走宏观展望的战略安排，落实党对未来中国社会发展的战略目标和重大举措的工作任务非常繁重。重任在肩，任务在手，年轻干部只有认真地读书学习提高执政本领、领导本领，才能在知识爆炸、信息裂变的环境中，肩负起党和人民赋予的历史使命和责任。否则，就会在纷繁复杂的形势变幻中"本领恐慌"，在繁重艰巨的任务面前"本领不足"。

2013年3月1日，习近平总书记在中央党校建校80周年庆祝大会暨2013年春季学期开学典礼上的讲话中指出："只有加强学习，才能增强工作的科学性、预见性、主动性，才能使领导和决策体现时代性、把握规律性、富于创造性，避免陷入少知而迷、不知而盲、无知而乱的困境，才能克服本领不足、本领恐慌、本领落后的问题。"①

（四）读书学习可以养心悟道

"读书的至境在于养心，在于悟道，在于达到对人性的了悟与同情，达到对宇宙的洞察与皈依，达成个人人格的丰富、威猛与从容。"这是李书磊在《宦读人生》中的看法。我非常赞赏这种读书观。

----

① 习近平：《在中央党校建校80周年庆祝大会暨2013年春季学期开学典礼上的讲话》（2013年3月1日），《人民日报》，2013年3月3日。

养心，就是涵养心性，强健心智，净化心灵，端正心术，保持精神健康。

清朝诗人萧抡谓写有《读书有所见作》一诗。诗中写道："人心如良苗，得养乃滋长；苗以泉水灌，心以理义养。一日不读书，胸臆无佳想。一月不读书，耳目失精爽。"

这就是说，人心就像禾苗一样，得到养分才能生长；禾苗用泉水灌溉，心智要用学理道义陶冶。一天不读书，心中便没有好想法。一个月不读书，耳朵不灵敏，眼睛也模糊。

书读得多了，就会宠辱不惊，淡泊名利，不以物喜，不以己悲，遇事想得开，看得透。

悟道，道，即规律、道理。悟道，就是晓悟规律，领会道理。世界上有许多事物发展规律和道理，这些规律和道理不能仅靠自己去摸索，而悟道的最直接捷径，就是读书。读一本好书，就是跟一位智者交流。你会在跟"智者交流"的过程中，增长知识，扩大见识，生成智慧。

当你通过读书悟道之后，你会觉得世界瞬间都不一样了。比如说，你通过读书知道了"沉没成本"这个道理，你在做决定、决策时，可能就不会存在认识盲点了。

一般而言，人们在决定是否去做某件事情的时候，不仅要看做这件事情对自己是否有利，而且也看以前是否已经在这件事情上有过投入。经济学家把那些已经发生且不可回收的支出，如时间、金钱、精力等称为"沉没成本"。

2001 年诺贝尔经济学奖得主斯蒂格利茨教授在他所著的

《经济学》一书中说："如果一项开支已经付出并且不管作出何种选择都不能收回，一个理性的人就会忽略它。"但事实上，许多人忽略了它。我在不知道"沉没成本"这个道理的时候，就总是忽略它。有一次，我花了 150 元钱买了一张话剧票，看了20 多分钟，我就觉得看这个话剧简直就是一种折磨，但想到我买票花的 150 元钱，我就咬着牙眯着眼昏昏沉沉地等着散场。很显然，我是一个非理性的人，没有忽略这个"沉没成本"。

后来，当我通过读书了解到"沉没成本"这个道理的时候，我知道了"沉没成本"是一种历史成本，是已经付出且不可收回的成本。等再遇到需要决定或决策的时候，我一般就快刀斩乱麻，选择忽略它，去重新开始。这"沉没成本"的道理让我受益匪浅。

假如说我不读书，我就很难、甚至不可能自己悟出"沉没成本"这个道理。

三

让读书学习成为生活的一部分

　　1939 年 12 月，陈云在延安写了一篇著名的文章：《学习是共产党员的责任》。在这篇文章里，陈云提出，"学习是共产党员的责任。"他指出："我们好多同志总以为只要一天到晚不停地工作，就算尽了我们对党的全部责任，这种想法是很不全面的。一天到晚工作而不读书，不把工作和学习联系起来，工作的意义就不完整，工作也不能得到不断改进。因为学习是做好工作的一个条件，而且是一个必不可少的条件。"①

　　为进一步论述自己的观点，陈云还启发高级干部去思考、比较，以下哪种情形对党更有利："一种是，一天到晚埋头工作，不去找时间读书；另外一种，就是一天抽两小时来读

---

① 陈云：《学习是共产党员的责任》（1939 年 12 月），《陈云文选》（1926—1949），人民出版社 1984 年版，第 121—122 页。

书。"① 陈云认为，"后一种无疑对党更为有利"②。因为，老干部"有斗争经验，学习理论更容易把书本上的东西消化成为自己的，这样，领导工作的水平就可以大大提高"③。陈云还指出："只要大家认识清楚学习的重要性，就应该想法挤时间来读书。"④

陈云虽然是对当年高级干部提出的要求，但对新时代的年轻干部也适用。新时代的年轻干部有的人也会成为未来的高级干部，即便不成为未来的高级干部，读书学习对党和人民的事业，对自身的发展也都有着重要的作用。

《荀子·大略》中有言："学者非必为仕，而仕者必如学。"在荀子看来，学习的人不一定要当官，但当官的人一定要去学习。年轻干部要把读书当作生活的一部分内容，当作一种生活习惯。

宋朝人黄庭坚曾经说过："人不读书，一日则尘俗其间，二日则照镜面目可憎，三日则对人言语无味。"在黄庭坚看来，人如果一天不读书，就会落入尘俗；人如果两天不读书，照镜子就能看到自己可憎之面目；人如果三天不读书，跟人交流言语乏味。

李书磊在《宦读人生》一文中也写有这样一段话："我真正欣赏的不是读了书做官，而是做了官读书。读了书做官总有点把读书当敲门砖的意思，既贬低了读书也贬低了做官；做了

---

① ② ③ ④ 陈云：《学习是共产党员的责任》（1939年12月），《陈云文选》（1926—1949），人民出版社1984年版，第122页。

官读书才是一种雅兴，一种大性情，一种真修炼。"他还写道："不管做多大的官，不读书便不过是一介俗吏。相反，只要永怀读书和思索的慧根，又何计其官职大小有无。"

年轻干部要不打算做"一介俗吏"，就应该把读书当作生活的一部分，当作一种生活方式，养成读书的习惯。

年轻干部怎样才能养成读书的习惯？知乎上陈章鱼老师有个答案非常好。这个答案就是："用吃饭的态度来读书，怎么好好吃饭，就怎么好好读书。"真是一语中的。

我们每天都需要吃饭，一顿不吃就会饿得难受，一天不吃就会胃痛乏力，一周不吃就会卧床不起，一个月不吃就可能去找上帝。其实，吃饭、读书性质相同。只不过吃饭是为了保证我们肉体生命的健康茁壮，而读书则是为了保证我们精神生命的健康成长。

按照"怎么好好吃饭，就怎么好好读书"的理论，好好吃饭，好好读书，年轻干部不妨这样做：

（一）坚持天天阅读

要像每天固定的一日三餐那样固定地天天读书。年轻干部工作繁忙，但如果每天利用早餐前、午休间、晚饭后的时间读十几页或几十页书，长久累积，就是一个非常可观的数字。

古往今来流传有许多利用时间坚持阅读的故事。"读书三余""读书三上"皆是如此。

据《三国志·魏志·董遇传》记载，董遇对《老子》很有研究，给《老子》作了注释；对《春秋左氏传》也有精辟的见解，并写成《朱墨别异》一书。有跟他学习的人向他请教，他不肯教，却对人家说："先读百遍吧！"又说："读书百遍，其义自见。"请教的人说："您说得有道理，但我只是苦于没有时间。"董遇说："应当用'三余'时间。"那人又问："什么是三余？"董遇回答说："冬天，没有多少农活，这是一年中空闲下来的时间；夜晚，不必下地劳动，这是一天中空闲下来的时间；雨天，不方便出门干活，也是空闲下来的时间。"

（原文：遇善治《老子》，为《老子》作训注。又善《左氏传》，更为作《朱墨别异》，人有从学者，遇不肯教，而云："必当先读百遍！"言："读书百遍，其义自见。"从学者云："苦渴无日。"遇言："当以'三余'"。或问"三余"之意。遇言"冬者岁之余，夜者日之余，阴雨者时之余也。"《三国志·魏志·董遇传》）

欧阳修在《归田录》中也讲过这样一个故事：钱思公虽然是富贵人家出身，但是没有什么不良的嗜好。他在西京洛阳时，曾经告诉其同僚下属，我这一辈子只喜欢读书，坐着的时候就读经史，躺在床上就读各种杂记小说，上厕所的时候就读词典、小令。大概从来没有半刻离开书的时候。谢希深也说：同在史院的宋公垂，每当去厕所都夹着书，诵读的声音清脆，远近都能听到，其好学如此。我于是告诉谢希深，说：我平生所作的文章，多在三上，就是马上、枕上、厕上。

（原文：钱思公虽生长富贵，而少所嗜好。在西洛时，尝语僚属言：平生惟好读书，坐则读经史，卧则读小说，上厕则阅小辞。盖未尝顷刻释卷也。谢希深亦言：宋公垂同在史院，每走厕必挟书以往，讽诵之声琅然，闻于远近，其笃学如此。余因谓希深曰：余平生所作文章，多在三上，乃马上、枕上、厕上也。欧阳修：《归田录》）

不管是"三余"也好，还是"三上"也罢，都是利用可资利用的时间来读书。

（二）坚持广泛阅读

好好吃饭就要讲究荤素搭配，饮食结构合理，这样才能保证营养均衡。读书也是一样。因为领导活动涉及政治、经济、军事、外交、文化、教育、卫生等各个领域，这就需要年轻干部博文多知，既要明政治，又要懂经济；既要知天文，又要懂地理。如果知识结构不合理，就会影响领导工作的效果。广泛阅读可以从各个领域中汲取营养。

南唐最后一位国君李煜，精书法、工绘画、通音律，诗文均有一定造诣，尤以词的成就最高，被称为"词帝"。他的"问君能有几多愁？恰似一江春水向东流""春花秋月何时了？往事知多少"。至今依然脍炙人口。但他只精书法、工绘画、通音律、善诗词，不懂政治，终至客死他乡，成了亡国之君。

毛泽东评价李煜："南唐李后主虽多才多艺，但不抓政治，终于亡国。"柏杨也评论他说："南唐皇帝李煜先生词学的造诣，空前绝后，用在填词上的精力，远超过用在治国上。"

坚持广泛阅读还有一个益处，就是可以避免单一阅读导致的枯燥乏味，可以在"有益"和"有趣"之间找到一种平衡。

读马克思主义政治理论书。中国共产党选拔任用干部有多种标准，但排在首位的是政治标准。"选什么样的人？就是要坚持好干部标准，把政治标准放在第一位。政治标准是硬杠杠。这一条不过关，其他都不过关。如果政治不合格，能耐再大也不能用。"①《党政领导干部选拔任用工作条例》第三条规定："选拔任用党政领导干部，必须把政治标准放在首位。"讲政治的重要性由此可见。

年轻干部要讲政治，政治合格达标，就需要认真研读马克思主义理论和马克思主义中国化时代化最新成果。

年轻干部读马克思主义政治理论书籍，要读原著、学原文、悟原理。原著原文才最能体现理论的精神实质和核心要义。这也是党的理论武装工作的优良传统和政治优势。

党的十八大以来，习近平总书记一直强调学习马克思列宁主义的重要性，强调中国共产党是用马克思列宁主义武装起来的政党，马克思列宁主义是中国共产党人理想信念的灵魂，要

---

① 习近平：《在全国组织工作会议上的讲话》（单行本），人民出版社2018 年版。

求全党同志特别是各级领导干部要更加自觉、更加刻苦地学习马克思列宁主义，始终用科学理论武装头脑、指导实践、推动工作。

在这方面，习近平总书记身体力行，为年轻干部作出了榜样。据报道，早在延安梁家河插队当知青时，习近平在当时极为艰苦的条件下，晚上坚持在土窑洞煤油灯下读书，上大学之前，他就已经通读《资本论》三遍，并且写下了厚厚的18本读书笔记。习近平在福建工作时的同事在接受《福建日报》采访时回忆说，习近平特别喜欢看马克思主义原著，看毛泽东、邓小平的著作。

读专业业务方面的书。年轻干部要确保自己成为真正的内行领导，就必须认真学习和掌握精深的专业业务知识。尤其是业务部门的年轻干部。只有这样，才能正确认识本行业的特点，才能正确把握本行业发展变化的规律，并根据本行业的特点和发展变化的规律，作出正确的决策。否则，以其昏昏，是不能使人昭昭的。

十九大报告要求，要"提高社会治理专业化水平"。而提高社会治理专业化水平，首先要加强专业化人才队伍建设。"专业化"是我党选拔任用专业干部的重要标准之一。

对非专业的人正干着专业事的年轻干部，或跨专业的年轻干部，这里提醒一句：要尽可能利用一切时间和精力，好好学习专业知识，脚踏实地深入实践，补上缺席的专业课程。

我认识一位领导干部，他就曾经是非专业的人干了专业的事。但他上任伊始，就利用一切可能利用的时间给自己充电加油，最后成了响当当的专业干部。

读领导科学方面的书。现实的社会，规模庞大，因素众多，结构复杂，这无疑对年轻干部提出了更高的要求。年轻干部如果仅凭以往的那点领导经验来进行领导，不仅不能适应时代的要求，也是不能实现有效领导的。

实践中，一些年轻干部决策失误、用人失察，工作效率不高，其中很重要的原因之一，就是缺乏领导科学方面知识。因此，年轻干部要想成为领导的内行，必须掌握娴熟的领导科学知识。

领导科学是领导专业知识的核心内容。领导科学是一门研究领导工作的特有矛盾和规律的一门学问。掌握领导科学知识，能使年轻干部更好地把握领导规律和领导方法，提升领导工作能力和领导艺术水平。

领导工作能力如何和领导艺术水平怎样，直接影响着领导工作的效果。

读法律法规方面的书。建设法治国家，年轻干部必须具有法治思维和法治能力。2013年2月23日，习近平在中共中央政治局第四次集体学习时强调："各级领导机关和领导干部要提高运用法治思维和法治方式的能力，努力以法治凝聚改革共识、规范发展行为、促进矛盾化解、保障社会和谐。"而要强化法治思维，提高法治能力，就需要读法律法规方面的书。

法治思维，是将法治的各种要求运用于认识、分析、处理问题的思维方式；法治方式，是运用法治思维处理和解决问题的行为方式。

懂得法律法规知识，才能依法用权。依法用权，就是在法律、制度、政策的规定范围内行使手中的权力，而不以言代法、以权压法，不凭自己的主观意愿决断事情。

年轻干部依法用权，才能在运用权力时，遇事找法、办事依法、解决问题靠法。

读各种科学文化知识方面的书。领导活动是一项具有复杂性、综合性特点的社会实践活动。领导活动的这一特点，决定了年轻干部必须具有广博的自然科学和社会科学的知识，才能有效地、成功地驾驭领导工作。正如列宁所说的，只有用全人类的科学文化知识武装自己，才能成为一个共产主义者。

除此之外，年轻干部还应该广泛地猎取历史、文学、地理、逻辑、心理学等社会科学知识，掌握数学、系统论、计算机等自然科学知识。

这些知识能开阔年轻干部的视野，增厚年轻干部的文化底蕴，提升年轻干部的思维创造能力，强大年轻干部的内心世界。

读书要"好钢用在刀刃上"。年轻干部要读好书，读正派的书，一定不要热衷于"厚黑学""官场秘诀"之类的书籍，这种书看多了，玩权术，早早晚晚会玩坏了自己。

读优秀传统文化方面的书。优秀传统文化是一个国家和民族传承发展的根本和精神命脉。我们中华民族有着悠久的文明历史，有着博大精深的优秀传统文化。这种优秀的传统文化方面的书籍，值得阅读。

中华优秀传统文化蕴含着丰富的讲仁爱、重民本、守诚信、崇正义、尚和合、求大同等思想理念。这些思想理念对年轻干部陶冶情操，涵养家国情怀都有着重要的作用。

比如重民本思想。民本，就是正确看待民众的地位与作用。治水有功的大禹，就曾经谆谆告诫他的臣子：对待百姓，只可以亲近，不能够认为他们卑贱。只有百姓才是立国的根本，根本稳固了，国家才会安宁。我们面对亿万人民，畏惧的心情就应该像用腐朽的缰绳驾着六匹马一样。位在百姓之上的人，怎么能不谨慎呢？

（原文："民可近，不可下，民惟邦本，本固邦宁。……予临兆民，懍乎若朽索之驭六马，为人上者，奈何不敬？"《尚书·五子之歌》）

读点好的文学作品。古往今来，凡是有大作为、建功立业者，几乎都是有着丰厚文学修养之人。比如毛泽东的文学修养造诣，他人是难以望其项背的。

在新的历史条件下，年轻干部要提升领导素质和能力，避免"早节不保"，成为优秀的领导，也需要丰富文学知识。可以说"读点文学，终身受益"。

读点好的文学作品，能增加见识，增长才干，起到"辅政"的作用。文学其实是百科全书。它囊括政治、经济、军事、历史、天文、地理等各学科的知识。一部好的文学作品，就是一位良师益友；阅读一本好书，就是与一颗伟大的心灵对话。

透过作品，可以深刻认识复杂多变的现实世界。恩格斯称赞巴尔扎克是"现实主义大师"，说他的《人间喜剧》写出了贵族阶级的没落衰败和资产阶级的上升发展，提供了社会各个领域无比丰富的生动细节和形象化的历史材料。认为他从中学到的东西"比从当时所有职业历史学家、经济学院和统计学家那里学到的全部东西还要多"。（恩格斯：《恩格斯致玛·哈克奈斯》）

透过作品，可以学会用辩证的思维、灵活的方法处理和解决面临的各种复杂矛盾和问题，从而提升领导能力。

读点好的文学作品，能陶冶情操，优化人格，起到"修德"的作用。好的文学作品，体现着"真、善、美"的境界。譬如，凡是读过范仲淹《岳阳楼记》的人，无不被这位"先天下之忧而忧，后天下之乐而乐"的卓越政治家的崇高抱负和宽广胸怀所折服。

可以说，阅读好的文学作品，会受到"真、善、美"的熏陶。这种熏陶对年轻干部会产生潜移默化的影响。

在"真、善、美"的影响下，年轻干部会多一些实事求是，少一些弄虚作假；多一些爱民之心，少一些利己之意；多一些高雅情趣，少一些低级趣味。

读点好的文学作品，能洗礼灵魂，强化正气，起到"抑邪"的作用。美国哲学家理查·罗蒂认为，如果没有但丁、彼德拉克、薄伽丘、乔叟、莎士比亚、培根和弥尔顿，我们今日世界的道德状况将无法想象。

在理查·罗蒂看来，文学具有救赎真理，洗礼灵魂之功

能。罗蒂是很有见地的。文学不仅可以愉悦人的内心，还因
为它能弘扬正气，针砭时弊，鞭挞丑恶，从而起到抑制邪恶，
强化正气的作用。

一句"人生自古谁无死，留取丹心照汗青"，不知激励过
多少仁人志士为追求真理、为民族和人民的利益而视死如归，
前仆后继。

一句"苟利国家生死以，岂因祸福避趋之"，不知激励过
多少志士仁人慷慨赴国难，戴镣长街行。

（三）坚持动脑思考

读书不是为了阅读而阅读，而应该把独到的信息内化到自
己的知识结构中去，用于自身的修养、工作，否则，就会被称
为"两脚书橱"。这就像享用了美味佳肴，还需要运动健身一
样，否则也不可能有健康的身体。

"两脚书橱"出自《南史·陆澄传》："澄当世称为硕学，
读《易》三年不解文义，欲撰《宋书》竟不成。王俭戏之曰：
'陆公，书厨也。'"

说是陆澄这个人在当时被人称为大学者，但他读《易经》
三年，却不能理解其文意，后来，他又想撰写《宋书》，最终也
没有写出来。王俭嘲笑他说："陆澄先生，就是个两脚的书橱。"

（四）坚持学以致用

　　早在 1942 年，毛泽东同志就曾经说过："对于马克思主义的理论，要能够精通它、应用它，精通的目的全在于应用。"[①]毛泽东同志的这段话精辟地阐明了理论联系实际的重要性。

　　"为学之实，固在践履。苟徒知而不行，诚与不学无异。"这是宋朝著名的理学家、思想家、教育家朱熹在《朱文公文集之答曹元可》中所言。朱熹认为，学习的根本，重在实践。如果只学习而不实践，那和不学习又有什么两样？

　　年轻干部要善于用学到的理论分析、研究中国特色社会主义现代化建设中的实际问题；用学到的知识补短板，强弱项，促进素质能力的提升，担当起实现中华民族伟大复兴的重任，做不负时代，不负韶华，不负党和人民殷切期望的优秀年轻干部。

---

① 《整顿党的作风》（1942 年 2 月 1 日），《毛泽东选集》第 3 卷，人民出版社 1991 年版，第 815 页。